CB068827

MEDITAÇÃO
em 3 minutos

David Harp
com Nina Feldman, Ph.D.

MEDITAÇÃO
em 3 minutos

**30 idéias simples para clarear sua mente
em qualquer lugar, a qualquer hora**

Tradução:
Raquel Mendes

5ª edição

NOVA ERA

CIP-Brasil. Catalogação-na-Fonte
Sindicato Nacional dos Editores de Livros, RJ.

Harp, David
H256m   Meditação em três minutos / David Harp e Nina
5ª ed   Feldman; tradução de Raquel Mendes. – 5ª ed. – Rio
de Janeiro: Nova Era, 2007.

Tradução de: The Three Minute Meditator
Inclui bibliografia
ISBN 978-85-7701-267-1

1. Meditação. I. Feldman, Nina. II. Título.

07-3756

CDD – 158.12
CDU – 159.98

Título original norte-americano:
THE THREE MINUTE MEDITATOR

Capa: Sense Design
Diagramação de miolo: ô de casa

Copyright da tradução © 2007 by EDITORA BEST SELLER LTDA
Copyright © 1987 by David Harp

Todos os direitos reservados. Proibida a reprodução,
no todo ou em parte, sem autorização prévia por escrito da editora,
sejam quais forem os meios empregados, com exceção das resenhas literárias,
que podem reproduzir algumas passagens do livro, desde que citada a fonte.

Direitos exclusivos de publicação em língua portuguesa para o Brasil
adquiridos pela EDITORA NOVA ERA um selo da EDITORA BEST SELLER LTDA.
Rua Argentina 171 – Rio de Janeiro, RJ – 20921-380 – Tel.: 2585-2000
que se reserva a propriedade literária desta tradução

Impresso no Brasil

ISBN 978-85-7701-267-1

PEDIDOS PELO REEMBOLSO POSTAL
Caixa Postal 23.052
Rio de Janeiro, RJ – 20922-970

Sumário

Agradecimentos   7
Nota do autor   9
Prefácio   11
Leia primeiro   15
O teste "Por que eu não medito"   26

PARTE UM   33

A jornada rumo à iluminação   33
Um guia do universo para o meditador   34
Etapas do caminho   41
Quatro técnicas para dominar a mente   50

PARTE DOIS   55

Dois problemas com gurus   56
A boa forma metafísica   58
O que é a Meditação em 3 Minutos   62
Como utilizar estes exercícios   64
O que fazer quando dói   67
Os exercícios   68
Os mais simples exercícios de meditação para "Iluminar a mente"   72

Exercícios de observação da mente 82
Vivendo no agora 87
Sobre a visualização 92
Sobre o relaxamento 94
Compaixão 96
O zen do "Eu não sei" 100
Julgamento: A faca de dois gumes 102
O círculo vicioso: Dor e resistência 104
Eu sou/Estou 110
Transitoriedade 113
Sobre a liberdade 115
Habilidade mestra 116
O resto é com você 117

Bibliografia 119

Outras fontes 121

Agradecimentos

Gostaria de agradecer a dois grupos de pessoas pela ajuda e inspiração:

Em primeiro lugar, a meus mestres e mentores. Alguns, como Stephen Levine e Jack Kornfield, presentearam-me com sua orientação espiritual. Outros, como Charles Garfield, Matthew McKay e Stephen Bank, proveram-me com modelos de comportamento e com o treinamento na função de conselheiro. Outros ainda, como Karl Scheibe, o falecido Robert Knapp, Nina Menrath e Larry Horowitz, ajudaram-me a obter o embasamento acadêmico necessário para a produção de um livro, mesmo simples como este.

Em segundo lugar, a meus clientes. Do projeto Shanti, no final da década de 1970, da Haight Ashbury Free Clinic, no início da década de 1980, do Projeto Marin County Grief e de outras organizações às quais agora presto algum tipo de aconselhamento voluntário – meus clientes ensinaram-me o valor de abrir o coração. Do fundo deste, eu hoje lhes agradeço.

Também quero agradecer a Rita por toda a ajuda e o apoio.

Nota do autor

Embora eu tenha preferido usar a primeira pessoa do singular em quase todo o livro, *Meditação em 3 minutos* é, na realidade, resultado de um trabalho de colaboração. As contribuições da minha querida irmã gêmea, Dra. Nina S. Feldman, não se limitam apenas ao "Teste 'Por que eu não medito'", na página 26. Nina envolveu-se a fundo em praticamente todos os aspectos deste projeto, da organização do primeiro esboço à editoração das provas finais.

Ela me encorajou a continuar este trabalho no período em que eu produzia simultaneamente dois livros, duas fitas de áudio e um vídeo, todos com enfoque no meu objeto tradicional de meditação, a gaita-de-boca. Eu teria me contentado em deixar que *Meditação em 3 minutos* ficasse arquivado na memória do meu computador, mas Nina foi resoluta. Com seu costumeiro charme, ela me adulou e estimulou para que terminasse este livro.

E o resultado está, literalmente, em suas mãos.

Obrigado, companheira desde os tempos da barriga da mamãe Pronta para o próximo livro?

Prefácio

Olá! Somos Ben e Jerry. Nosso amigo David pediu que escrevêssemos um prefácio para o seu novo livro, e é isto o que estamos fazendo. E se você acha estranho dois caras que fabricam sorvete escreverem um prefácio para um livro como este... bem, então vocês não deveriam estar lendo um livro sobre meditação escrito por um professor de gaita-de-boca, só para começar!

Falando sério, porém, Harp é provavelmente o melhor professor de gaita-de-boca do mundo, e seu grande talento consiste em ensinar outras pessoas a fazerem coisas que ele teve de lutar muito para aprender. Nos tempos de escola, ele mal sabia em que lado de uma flauta de brinquedo deveria soprar. Vinte anos depois, ele nos ensinou (e a uma porção de amigos sem talento musical) a tocar gaita-de-boca, flauta e violão. Talvez nunca toquemos no Carnegie Hall, mas tocar um pouquinho é melhor do que nada... embora a mulher de Jerry possa não concordar! Talvez também nunca cheguemos a ser gurus competentes, mas aprender algumas técnicas simples de meditação na vida diária com certeza não faz mal a ninguém!

Então, o que escrever em um prefácio? Qual é a diferença entre um prefácio, uma introdução e um preâmbulo? Será que alguém sabe de fato? E isso tem alguma importância? No prefácio, no posfácio ou onde for, somos fãs incondicionais de Harp. Nosso único problema é por onde começar. Vejamos... Quem sabe pelas histórias de Harp?

Bem, poderíamos lhes contar sobre a ocasião em que Harp e Jerry passaram a noite naquela casa mal-assombrada no Mississippi, mas se o fizéssemos vocês nunca mais dormiriam com a luz apagada. Há também a história de como o mar levou os óculos e o anel de *bar mitzvah* de Ben (a mãe dele não perdoou totalmente Harp por essa, mas afinal ela deveria ter ficado agradecida por Ben não se ter afogado!). Ou ainda aquela estupenda derrapagem no gelo a cem quilômetros por hora, às quatro da manhã, nos arredores de Buffalo, Nova York. Harp alega que salvou nossas vidas, no entanto, se ele não estivesse dirigindo, não estaríamos em perigo.

Contudo, por mais divertidos que sejam esses episódios, eles não representam de fato esse mais novo lado do nosso velho amigo: aquele que presta trabalho voluntário junto a crianças com doenças terminais e adultos aflitos. O lado que o fez retornar à universidade para o mestrado em psicologia; que o levou à publicação deste livro...

Ele nunca foi o que se chamaria de "sensato". Inteligente, com certeza. Eloqüente, sem dúvida. Sensato, talvez dormindo. Nina, sua irmã gêmea, era a única que podia controlá-lo. Com dificuldade.

Assim, ficamos meio surpresos quando ele começou a se envolver com esse negócio de meditação para relaxamento, há alguns anos. E ficamos ainda mais surpresos quando, aparentemente, começou a dar certo!

Vinho, mulheres e qualquer coisa de que pudesse tirar proveito costumavam ser sua maneira machista de sentir-se bem consigo mesmo. Além disso, ele tinha de estar com a razão o tempo todo, mesmo que isso significasse que os outros estavam errados. Passar de um humor excelente à depressão era normal para Harp, e ele decerto mostrava a seus amigos como se sentia, em detalhes – gostássemos ou não.

Hoje, felizmente, a situação está um pouco diferente. Não nos interprete mal – ainda que toque gaita, ele não é nenhum anjo, pelo menos por enquanto. Comparado a Mahatma Gandhi ou a Madre Teresa, ele ainda parece um tanto mundano. Comparado a Conan, o Bárbaro, ele parece bastante avançado. Contudo, compará-lo a outros – santos ou salafrários – não quer dizer muita coisa. Podemos apenas confrontá-lo com o que era antes da meditação. Nas palavras de outro velho amigo, o Provocador:

"Andar na companhia de David Harp era como estar no caminho exato de um furacão. Agora é só como andar num vento forte."

Temos de concordar com ele. A meditação tem sido boa para Harp. Ele aprecia mais a si mesmo. Está mais feliz, mais seguro e mais agradável de se conviver – mesmo ao nos forçar a tentar algumas das técnicas de *Meditação em 3 minutos* que descreve neste livro.

Na verdade, as que tentamos são divertidas e interessantes. Jerry pôs em prática a "Contagem da respiração" e casou-se no dia seguinte. Ben fez a "Concentração da chama" com uma vela na mesa de um restaurante italiano e dentro de alguns minutos saboreou um ótimo jantar!

Por isso, confira *Meditação em 3 minutos*. É mais barato do que uma terapia, mais fácil do que a vida numa caverna no Himalaia – e se funciona para Harp, pode funcionar para você também!

Ben & Jerry
Vermont, outono de 1987

Leia primeiro

Eu costumava ser um cara bastante infeliz. Talvez parecesse bem-sucedido e popular para as outras pessoas, especialmente para aquelas que não me conheciam bem. No íntimo, porém, era fútil, inseguro, com tendência à depressão; compulsivo em relação a quase tudo e, ainda por cima, hipocondríaco. Os pensamentos e sentimentos pareciam me controlar, quando deveria ocorrer o oposto...

Não é exagero algum dizer que aprender a meditar mudou minha vida. Ainda que esteja longe da perfeição, cada vez que medito, minha habilidade para lidar com os antigos medos e desejos se fortalece. Os relacionamentos com os amigos e a família tornam-se mais sensíveis e menos críticos. Gosto mais de mim mesmo. E estou começando – pela primeira vez em mais de 35 anos – a ter um pouco de controle sobre essa criatura misteriosa e rebelde que é a mente.

Não sou guru

Eu não sou um guru. Não levito, não ando sobre o fogo (ou a água) nem materializo Rolls-Royces. Sou um professor bastante experiente e autor de livros instrutivos. E, quando aprendo a fazer alguma coisa, gosto de ensinar tal habilidade, da maneira mais simples possível, com o objetivo de oferecer uma "gratificação imediata" a meus alunos.

Nos últimos 12 anos, ensinei dezenas de milhares de pessoas a tocar gaita-de-boca e escrevi manuais sobre uma variedade de instrumentos musicais. Nesse processo conheci muito bem o modo como as pessoas aprendem. Talvez minha maior descoberta seja o fato de que a maioria de nós preferiria aprender "um pouco", de imediato, a levar um longo tempo para aprender bem alguma coisa. Foi uma grande surpresa!

Sei que milhares de psicólogos, filósofos e metafísicos já escreveram livros sobre meditação. A maior parte destes, porém, não é para o iniciante, para o futuro meditador. *Depois* que você aprender a meditar, considerará muitos desses livros fascinantes. Alguns dos meus favoritos se encontram relacionados na Bibliografia.

Por que muitos livros sobre meditação são difíceis

Alguns desses livros são incrivelmente complexos – cheios de palavras complicadas e conceitos torturantes e tortuosos. Quando comecei a estudar o assunto, expressões e conceitos importantes como "manifestação do número não-potencializado" ou *"nididhyasana sadhana"* eram grandes empecilhos.

Você não precisa conhecer uma porção de palavras difíceis para meditar, assim como não precisa aprender chinês para jogar xadrez chinês.

Uma vez compreendidos os conceitos básicos, a meditação é algo *simples* – embora nem sempre fácil. Não é necessário complicar um livro para iniciantes com uma terminologia ou jargão esotérico e estranho.

Alguns desses livros são dogmáticos. De acordo com eles, há apenas uma maneira "correta" de meditar. Não é de admirar que essa forma "correta" esteja em geral vinculada a determinada organização religiosa, social ou comercial à qual o autor é afiliado. Qualquer outro método é considerado, na melhor das hipóteses, ineficaz, quando não pecaminoso.

Durante anos, li muito dessas duas classes de livros sobre meditação e aprendi um bocado com eles. Mas aprendi especialmente que prefiro minha meditação simples: sem jargões ou cultos, e sem dogmas, por favor!

Nem todos os métodos de meditação são iguais – mas muitos são semelhantes

Estudando diversos métodos de "iluminação", descobri que a maioria partilha certas características. Tentarei apresentar essas idéias, exercícios e técnicas da forma mais clara possível, ligando os conceitos e analisando mais detidamente os temas importantes. Afinal, por que você deveria sacrificar-se lendo pilhas de jargões e escritos dogmáticos, se estou disposto a ser seu intérprete? E claro que você poderá sempre recorrer à literatura metafísica e aprofundar-se nas áreas de maior interesse, *depois* que tiver aprendido a meditar. A Bibliografia deste livro o ajudará a fazer isso.

Ao contrário do que se acredita, o estudo da meditação não tem de ser difícil, doloroso ou algo de outro mundo. Você não tem de "pagar seus pecados", lutando para conseguir uma consciência meditativa. Com efeito, este livro *não* trata de lutas, pois acredito que a meditação deva ser um aprendizado excitante, que tenha um fluxo próprio, natural e prazeroso!

Como este livro está organizado

Embora o livro esteja voltado para a prática, pretendo incluir um pouco de teoria e filosofia da meditação. Dispus o conteúdo de tal forma que a maior parte da teoria básica aparece na Parte Um. Os parágrafos mais importantes da parte teórica encontram-se em quadros, como o que aparece a seguir. Assim, as pessoas que queiram ir direto aos Exercícios de Meditação em 3 Minutos podem apreender a essência das seções teóricas por meio da leitura dos quadros.

A Parte Dois explica-se por si mesma. Os capítulos iniciais discutem os prós e contras dos gurus, meu conceito de "boa forma metafísica" e como usar os exercícios aqui presentes. Alguns comentários históricos e teóricos também antecedem cada série de exercícios.

Isso é tudo, amigo. Creio que, se você se dedicar seriamente à meditação, ela lhe será tão útil e gratificante como é para mim, e se tornará uma prática permanente em sua vida.

Se você tem pressa em começar a meditar, pode ler apenas os quadros. À medida que virar as páginas, indo de um quadro a outro, veja também os títulos em destaque e leia as seções que lhe interessarem em particular. Assim, você logo chegará à Parte Dois e aos Exercícios de Meditação em 3 Minutos! Então, depois que tiver o domínio sobre alguns desses exercícios, pode voltar e ler com calma a Parte Um integralmente.

O que é a meditação?

A meditação é a arte do autocontrole mental. Cada técnica de Meditação em 3 Minutos aqui descrita é um *exercício* que o ajudará a entender e controlar sua mente e seus pensamentos.

Por que é provável que você precise meditar

Você às vezes sente-se perturbado pela raiva ou pelo medo? Aturdido pelos desejos? Deprimido, entediado ou inquieto? A vida parece sem significado? Você só se sente feliz quando tudo parece correto?

Se você nunca tem problemas como esses, provavelmente não precisa deste livro. É provável também que você não seja humano, pois todo mundo consegue ser infeliz pelo menos de vez em quando.

"Consegue ser infeliz"? Que idéia mais estranha! Por que alguém desejaria conseguir ser infeliz?

É claro que é muito mais fácil acreditar que são as circunstâncias ou as outras pessoas que nos fazem infelizes. Mas isso não passa de conversa fiada! Afinal, todos já encontramos – ou pelo menos lemos ou ouvimos falar sobre – aquelas raras pessoas que são capazes de ficar felizes qualquer que seja o problema que enfrentem. E também podemos citar uma dúzia de pessoas ricas, famosas e saudáveis cuja vida se tornou verdadeira tragédia. Conseguir ser infeliz? Pode apostar que conseguimos!

Não é exatamente o que acontece no mundo exterior que nos faz felizes ou infelizes, satisfeitos ou insatisfeitos. O importante é o que ocorre em nossa mente. Quando ocorreu a quebra da Bolsa de Valores de Nova York, em 1929, muitos dos corretores de ações que saltaram das janelas de Wall Street para a morte tinham dinheiro mais do que suficiente para manter um estilo de vida modesto. A quebra da Bolsa não os matou, tampouco as janelas. Suas mentes, sim.

Para muitos de nós, a mente pode com freqüência ser cruel e exigente, constantemente criticando e fazendo julgamentos. Ela produz montanhas de pensamentos confusos e contraditórios. Faz com que você compre um carro do ano a crédito e depois se torture com as prestações. Leva-o a comer aquela porção extra e então torna-o obcecado pelo excesso de peso. Permite que esqueça uma data importante, mas relembra-o do dia em que, por distração, foi para a escola, no segundo ano, com a blusa do pijama. Irrita-o com as exigências de seus filhos ou pais e a seguir culpa-o por não ser o pai, a mãe, a filha ou o filho "perfeitamente dedicado". Trabalho, sexo, dinheiro, saúde – a lista de possíveis pensamentos perturbadores que sua mente está pronta a despejar sobre você é infinita. No entanto, não precisa ser assim.

> Sua mente não tem de ser um peso em volta do (ou melhor, sobre) seu pescoço. A meditação, a arte do autocontrole mental, pode quase literalmente "mudar sua mente" – de autoritária a útil e dinâmica! Por que deixar que ela continue a trabalhar *contra* você, quando pode treiná-la a trabalhar *para* você?

Por que *eu* precisava meditar

Minha adesão à Meditação em 3 Minutos ilustra a forma como você pode usar a meditação para transformar o relacionamento com sua mente de um "zona de guerra" a uma coexistência pacífica e interessante.

Minha mente costumava ser crítica e detalhista e, geralmente, eu me sentia ótimo quando tudo estava sob meu controle, e péssimo o resto do tempo. Ficava muito tempo deprimido sem razões óbvias. Eu sempre fora assim, e não tinha motivos para pensar que as coisas deveriam, ou mesmo poderiam, ser diferentes.

Em 1984, a situação mudou. Eu estava prestes a publicar a primeira edição do livro *Instant Blues Harmonica*, do qual eu estava muito orgulhoso. Enquanto meu livro estava no prelo, porém, um editor mais conhecido (em quem eu confiara e ensinara a tocar gaita) publicou sua própria versão, com um título lamentavelmente semelhante! Eu sentia como se o fruto da minha criatividade tivesse sido seqüestrado, e estava muito zangado, magoado, assustado e deprimido.

Contudo, em minha extrema miséria, um simples pensamento saudável era constante: a idéia de que, se eu pudesse de alguma forma aprender a "habilidade mestra" para *lidar* com uma situação como essa, tal habilidade seria com efeito mais valiosa para mim do que uma dúzia de livros de gaita publicados e bem-sucedidos.

Esse pensamento persistia. Comprei livros de psicologia, filosofia e metafísica, e os li e reli lenta e detalhadamente. Antes eu lia esses livros como passatempo ou para aprender as teorias mais recentes (e avançadas). Agora era como se eu os lesse para salvar minha vida.

De alguma forma, todos os meus livros favoritos recomendavam com ênfase algum tipo de prática de meditação diária, então comecei, após um intervalo de 12 anos, a experimentar a técnica de meditação transcendental que aprendera mas não praticara de fato na universidade. Também me inscrevi em um retiro de dez dias para meditação com o psicólogo/poeta Stephen Levine e o mestre budista Jack Kornfield, no qual aprendi que existe uma grande variedade de técnicas de meditação.

Comecei a estudar o assunto e a torná-lo parte de minha rotina diária. À medida que adquiria algum "controle mental", os processos do meu pensamento se tornavam mais claros para mim. Vi-me um pouco menos dominado pelos antigos e costumeiros sentimentos de medo e desejo. A hipocondria, minha neurose favorita, ainda se manifestava ocasionalmente, mas em geral eu logo a reconhecia e descartava. As antigas depressões, que duravam dias ou semanas, começaram a se desfazer em segundos ou minutos, no máximo em algumas horas. E até mesmo as inseguranças que me perseguiam desde a escola primária iam desaparecendo nos tumultos do fundo da minha mente.

Com certeza não tenho a intenção de insinuar que estou totalmente equilibrado agora. É melhor que eu nem tente! Em primeiro lugar, porque não é verdade, e em segundo, porque, se o fizesse, e meus amigos lessem isso, eu cairia em um bem merecido papel ridículo, como aconteceu quando um programa de televisão apresentou uma reportagem comigo intitulada (idéia deles, *não* minha) "O guru da gaita"!

Estou, porém, mais equilibrado do que antes de começar a meditar. Hoje os acontecimentos exteriores me afetam de maneira menos profunda, e posso entender e lidar com meus pensamentos e sentimentos de um modo muito mais fácil.

Acredito na meditação. Estou convicto de que a prática tem sido boa para mim e de que também o ajudará. E esta é a razão pela qual escrevi este livro.

Algumas informações históricas e fisiológicas

As informações que se seguem não são essenciais para que você possa meditar. Contudo, a compreensão de alguns dados históricos e fisiológicos o ajudará a apreciar melhor o processo de meditação. Devo ao livro *Higher Creativity*, de Willis Harmon e Howard Rheingold (ver Bibliografia), muitas dessas idéias.

Há muitos milhões de anos, os ancestrais de nossos ancestrais eram pequenos mamíferos terrestres, não muito distantes dos peixes aventureiros que deixaram a água para rastejar pela praia com a ajuda das barbatanas. Há milhões de anos, quando nossos ancestrais indiretos deixaram o solo para se locomover entre as copas das árvores, seus pequenos cérebros começaram a se desenvolver de um modo que nos afeta até hoje.

Basicamente, essas criaturas saltando entre as árvores tinham de ser capazes de tomar decisões instantâneas sobre onde se segurar no momento seguinte. Afinal, tomar o caminho errado poderia ser perigoso ou mesmo fatal quando se pulava de galho em galho!

Assim, seus cérebros começaram a desenvolver a habilidade de reconhecer objetos comuns de imediato. Os olhos perscrutariam um objeto e se, no geral, este se parecesse com um galho, o cérebro daria o sinal verde para agarrá-lo.

À medida que o cérebro crescia e nossos predecessores evoluíam à condição de humanos, o cérebro mantinha e expandia essa capacidade de generalização. Os povos primitivos também precisavam tomar decisões rápidas, como por exemplo lutar ou fugir diante do súbito aparecimento de outra criatura. Fugir de um flamingo resultaria na perda de uma refeição, enquanto lutar com um urso resultaria em morte.

Reaja primeiro, pense depois

Assim, em vez de fazer exaustivas análises em casos como esses, o cérebro aprendeu a tirar conclusões rápidas, que se baseavam em imagens mentais nele inculcadas e que eram acionadas pelo tamanho e pela forma geral de um objeto visível. *Depois* de reagir imediatamente, o objeto ou quem quer que se aproximasse poderia então ser examinado nos detalhes e a uma distância mais segura.

Na verdade, nossos antepassados pré-históricos reagiam a uma imagem formada em sua mente. Muitas vezes um homem das cavernas, ao perceber de repente um toco de árvore na semi-escuridão, corria sem titubear em busca de proteção quando sua mente lhe mostrava a imagem de um tigre à espreita. Logo a seguir, comparando essa imagem à realidade de um toco, talvez se sentisse envergonhado, mas se não tivesse fugido e se *fosse* mesmo um tigre...

Lutar ou fugir...

Muitos psicólogos e metafísicos acreditam que essa função generalizadora do cérebro ainda nos faz reagir a um pensamento, a uma imagem mental, como se fosse uma imagem visual real. Dessa forma, ao passarmos por uma rua escura da cidade, o fato de *pensarmos* em um assaltante na próxima esquina detona uma reação semelhante à da visão de um assaltante *real*. Todo o sistema nervoso mobiliza seus recursos, a adrenalina e outros hormônios são lançados no sangue, a pressão sangüínea se eleva e experimentamos uma sensação de ansiedade, à medida que o mecanismo "lutar ou fugir" é acionado.

Pensar em uma guerra nuclear, em um acidente automobilístico, no chefe se aproximando com o "bilhete azul" nas mãos – ou outro pensamento estressante – pode fazer com que nosso corpo acione o mecanismo "lutar ou fugir". Assim, muitos de nós passam grande parte do tempo em um estado de ansiedade crônica.

...*Versus* meditar

Os efeitos nocivos da ansiedade têm-se agravado por mais de cinqüenta anos. Felizmente, há também uma reação equivalente, porém oposta, conhecida como "resposta do relaxamento", que contrabalança a ansiedade do mecanismo "lutar ou fugir" com a calma e o relaxamento do sistema nervoso. Também foi cientificamente provado que um tipo especial de meditação, o qual denomino "Iluminando a Mente", é o método mais eficiente para produzir a resposta do relaxamento. Para maiores evidências clínicas sobre este assunto, leia *A resposta do relaxamento*, do Dr. Herbert Benson (ver Bibliografia).

No entanto, a resposta do relaxamento é apenas um dos benefícios da meditação. Como acabei de mostrar, embora os pensamentos exerçam um grande efeito sobre nós, este efeito não precisa ser negativo. E se aprendermos a observar, compreender e controlar os pensamentos que fluem incessantemente em nossa mente, podemos transformar esses possíveis pensamentos negativos em positivos. É este o propósito da meditação.

Os benefícios da meditação

> Se você conhece o suficiente sobre meditação para se interessar por um livro com um título como o deste, é provável que já saiba que a meditação traz muitos benefícios. Ela acalma e ajuda a enfrentar as tensões do cotidiano. Permite que você durma menos, ao mesmo tempo em que aumenta sua energia. Pode ser utilizada para baixar a pressão sangüínea e diminuir os batimentos cardíacos. A meditação ajuda a apreciar melhor a vida e a enfrentar mudanças e perdas com maior resignação e compaixão.

A par de todos esses benefícios, como pode alguém *não* meditar? Há três respostas simples: desculpas, desculpas e desculpas!

Desculpas, desculpas e desculpas!

Sim, existem razões para não se praticar a meditação. No entanto, essas não são *boas* razões. Se você pensa que tem motivos para não meditar, leia a próxima seção e faça o teste "Por que eu não medito". Creio que isso o ajudará a compreender como convicções equivocadas a respeito da meditação impedem que você aprecie uma das formas mais antigas e úteis de auto-ajuda!

O teste "Por que eu não medito"

O final dos anos 1960 e o início dos 1970 foram palco de uma extraordinária onda de interesse pela busca da "paz interior". Freqüentar uma universidade naquela época – ou mesmo o simples ato de abrir o jornal – sem dúvida alguma significava exposição a muitas formas visíveis da busca da Iluminação. Os Beatles foram à Índia, Shirley MacLaine ao Peru, e aviões cheios de discípulos seguiam Maharaj Ji, o "Mestre Perfeito", de 15 anos, em uma jornada pelos Estados Unidos (até que sua mãe o chamou de volta a casa por exibir conduta imprópria a um guru).

No entanto, muitos membros dessa geração que buscavam a Iluminação há muito abandonaram a procura. Outros talvez nunca tenham tido a motivação – ou tempo, ou dinheiro – para se permitir uma aventura espiritual. Embora possamos ter desejado, secretamente, que "houvesse algo mais", é provável que parecesse mais fácil considerar esse pensamento como um modismo ou falsa propaganda e desprezá-lo: "O que 'essas pessoas' farão agora?" E, com certeza, os incidentes muito divulgados de comportamento inadequados por parte de gurus tornaram mais fácil descartar o assunto por completo.

> Infelizmente, muitos dos que adotaram uma postura negativa em relação à meditação são os que mais se beneficiaram dela. A resistência, porém, pode evitar que usufruam desses benefícios.
>
> Outras pessoas, às quais a prática diária da meditação seria útil, não encontram energia ou motivação para iniciá-la. O mais difícil em começar a prática da meditação é justamente isto – o começo! Mas o teste a seguir pode ajudar...

Como afirmei anteriormente, há muitos livros de iniciação por aí – talvez nem todos sejam úteis de imediato, mas é bom saber que existem – e vários métodos de treinamento em meditação encontram-se disponíveis há séculos. Pode até ser que você já tenha começado a meditar e desistido, como aconteceu com muitos na meditação transcendental. Contudo, não importa se você nunca experimentou a meditação, ou se já tentou sem sucesso contínuo, a próxima seção o ajudará a iniciar-se – hoje!

Dra. Nina Feldman e a síndrome do "aspirante a meditador"

A Dra. Nina Feldman é psicóloga graduada em Princeton que abandonou a meditação transcendental e formou-se na universidade no início dos anos 1970, e cuja profissão de fé já foi "usar túnicas brancas esvoaçantes e flutuar a alguns centímetros do solo". É claro que isso foi *antes* de ir para Princeton.

Nina e eu nos conhecemos há muito tempo e já trabalhamos juntos em vários projetos. O primeiro envolvia a decisão de quem seria o mais velho de nossos quatro irmãos: minha irmã gêmea, Nina, ou eu. Ganhei por dez minutos. Apesar desse fato incontestável, Nina sempre insistiu em se referir a mim como seu irmãozinho, apresentando a seguinte lógica: "Em vidas anteriores, aposto que fui a mais velha!"

Brincadeiras à parte, há alguns anos a especialização de Nina em psicologia e testes experimentais associou-se ao meu interesse em ensinar música a pessoas que se consideravam "não-musicais" ou mesmo "sem ouvido musical". Desenvolvemos um teste para ajudar essas pessoas a descobrirem as raízes de seu bloqueio em relação à música.

Os dados fornecidos pelo teste foram de tal relevância que resolvemos usar essa mesma abordagem para ajudar os aspirantes a meditadores na exploração de seus bloqueios em relação à meditação. Assim, Nina conduziu muitas entrevistas com essas pessoas por todo o país e encontrou uma extraordinária coerência em suas razões para o conflito "aproximação/rejeição" (Quero meditar/Não faço nada para isso.)

O teste a seguir destina-se a ajudá-lo a explorar seu bloqueio à meditação. Não tenciona prever o grau de motivação que você apresentará ou a utilidade dos efeitos dessa prática sobre você. As respostas a tais questões só virão com o tempo. O teste, porém, pode auxiliá-lo a entender e superar os pretextos que o impedem de explorar seu potencial para a meditação.

Ao fazer o teste, esteja ciente de que não existem respostas certas ou erradas. Seja o mais honesto possível. Escreva apenas se concorda ou discorda de cada uma das afirmações. Os que não se sentirem bloqueados em suas experiências de meditação podem saltar o teste.

O teste "Por que eu não medito"

1. A meditação não é válida a menos que se dedique a ela muito tempo. Concordo/Discordo

2. Sou o tipo de pessoa que fica tensa e não consegue se concentrar na meditação. Concordo/Discordo

3. A meditação atrai muitas pessoas de início, mas logo a seguir a maioria desiste. Se *de fato* funcionasse, as pessoas dariam continuidade à sua prática. Concordo/Discordo

4. A meditação requer anos de trabalho e exercícios. Um livro simples como este não pode ensinar coisa alguma. Concordo/Discordo

5. A meditação pode funcionar para algumas pessoas, mas provavelmente não funcionará para mim. Concordo/Discordo

6. Não terei a força de vontade necessária à continuidade de um programa de meditação. Concordo/Discordo

7. As pessoas estão se enganando se acreditam que a meditação faz alguma diferença. Concordo/Discordo

8. Sou muito ocupado para encontrar tempo para a meditação. Concordo/Discordo

9. Este livro assemelha-se à versão "picareta" da meditação. É melhor esperar até ter tempo de praticar a meditação autêntica. Concordo/Discordo

O valor deste teste se encontra nos quatro tópicos individuais que suas respostas ajudarão agora a examinar. Volte às perguntas referidas à medida que for lendo os próximos parágrafos. A maioria dos aspirantes a meditadores se dará conta de que pelo menos algumas dessas convicções equivocadas a respeito da meditação estão bloqueando seu progresso.

O mito da capacidade inata: reporte-se às perguntas 2, 5 e 6

Muitas pessoas que se privam do seu potencial de meditação partilham a crença em um mito difundido e nocivo. *Você* acredita que "todos os meditadores bem-sucedidos nascem com uma capacidade inata de iluminar a mente, pôr os pensamentos em foco e concentrar-se em sua vida interior"? Se a resposta for "sim", você está *errado*!

A verdade é que *não se nasce sabendo meditar; o treino é necessário.* A habilidade para meditar é uma característica própria de todos os seres humanos – e deve ser nutrida e estimulada para que dê frutos. Não importa o quanto você se considere tenso ou não-espiritual neste momento, as recompensas o aguardam, mas é preciso *tentar*.

Uma vez que acredite nisso, pode mudar sua melancólica auto-imagem de *aspirante* a meditador para a de meditador iniciante, e assim começar a valorizar sua vida com essas técnicas bastante vantajosas. A nítida visualização de si mesmo meditando o ajudará nos primeiros passos em direção ao desbloqueio de seu potencial de meditação. Nem todos nós teremos o tempo ou o desejo de passar várias horas por dia meditando. *Qualquer um*, porém, que deseje de fato meditar pode começar a aprender e a usar essas técnicas *imediatamente*.

O que é grande é bom: reporte-se às perguntas 4 e 9

Se pensa que este livro é por demais simplista para ensinar alguma coisa, você deve sofrer da síndrome de "O que É Grande É Bom" ou "Quanto Mais Complicado Melhor". Por que sempre queremos fazer com que as coisas pareçam complicadas, difíceis e/ou caras, antes de as valorizarmos?

Grande parte da beleza da meditação reside justamente em sua rara simplicidade. E por mais simples que pareçam, essas técnicas de Meditação em 3 Minutos são os recursos básicos cujo manejo aqueles que desejam meditar terão afinal de dominar. Se tais recursos, neste livro, parecem óbvios, tanto melhor!

O fato é que, por menos tempo que você dedique, o que realmente conta é *iniciar-se*. E o objetivo deste livro é ajudá-lo nessa empreitada. Depois de já iniciado, você pode expandir a prática da meditação na direção de sua escolha.

Falta de tempo: reporte-se às perguntas 1 e 8

Se você encara a meditação como um exercício que requer muitas horas diárias para começar, é provável que nunca comece. Hoje não parecerá um bom dia e amanhã será ainda pior. A vida é tão agitada para a maioria de nós que conseguir sequer meia hora diariamente parece uma tarefa impossível. E pensar em fazê-lo com freqüência, talvez até duas vezes por dia, pode ser o suficiente para que pensemos: "*Talvez* no próximo ano, quando a situação se acalmarem!"

Para os que se sentem pressionados pela falta de tempo, é provável que a meditação permaneça sempre em um futuro remoto e distante. Ironicamente, o tempo dedicado à meditação, mesmo apenas 3 minutos, em geral é o bastante para iluminar nossas idéias de modo que o resto do dia pareça fluir suavemente, como se o tempo de algum modo se expandisse a fim de se adequar às necessidades emergentes. Essa convicção equivocada em relação às exigências de tempo da meditação frustrou muitos aspirantes a meditadores (inclusive, durante muito tempo, David e Nina)!

Seja como for, a meditação não funciona mesmo: reporte-se às perguntas 3 e 7

Alguns indivíduos acreditam no princípio agressivo de que "a melhor defesa é o ataque". As investidas contra os benefícios da meditação consistem num meio pelo qual muitos dos que já pensaram em meditar se asseguram de que seu bloqueio em relação a essa prática não lhes priva de muita coisa.

Boa parte desse ataque baseia-se em um senso precondicionado de fracasso. Os aspirantes à meditação que sofrem esse bloqueio estão sempre se perguntando: "Por que tentar, se a meditação obviamente não funciona?" Outro elemento desse ataque consiste em denegrir a meditação porque todos que a experimentam não perseveram. No entanto, esse fato talvez seja mais um reflexo de técnicas ineficazes e exigências irreais que muitas disciplinas tentam impingir a ocidentais atarefados do que uma reflexão sobre o valor da meditação em si.

As técnicas de meditação são facilmente identificadas na maior parte das religiões desde os primórdios da história documentada. De modo claro, a meditação sobreviveu ao teste do tempo; então, se você está usando *esta* desculpa, ela já está há muito ultrapassada! É hora de abandonar seu ceticismo excessivo e tornar-se um adepto da Meditação em 3 Minutos.

Inserindo a meditação em nossa vida

Uma vez compreendidas as quatro barreiras mais comuns que os aspirantes à meditação encontram, esperamos que você concorde com nossa análise final: a única coisa que se interpõe entre você e a meditação é a disposição para começar *já*!

Então, recapitulemos brevemente os quatro obstáculos. O conceito de "capacidade inata" é apenas um mito, pois todos possuem o dom para meditar. A idéia de que "o que é grande é bom" é em essência uma forma de esnobismo espiritual, contraprodutivo, apesar de compreensível, em nossa cultura centrada no status. A justificativa de que "a meditação não funciona" é a mesma dada pela raposa na história das uvas verdes. A meditação não funciona apenas se você não praticá-la. Por fim, a "falta de tempo" não é mais uma desculpa, pois o método da Meditação em 3 Minutos demonstra como a meditação pode ser eficaz mesmo quando praticada em curtos períodos de tempo. E, mesmo em pequenas doses, funciona no sentido da melhoria da qualidade de vida dos indivíduos.

Se seu objetivo é realístico ("Aprenderei com o intuito de iluminar minha mente") em lugar de perfeccionista ("Devo alcançar a Iluminação imediatamente"), então seu progresso no sentido desse objetivo está virtualmente assegurado desde o início. Basta respirar fundo algumas vezes, relaxar – e continuar a leitura! Continue também a respirar e meditar.

Lendo sobre natação

Há uma antiga anedota sobre um intelectual que adorava ler. Leu tudo o que havia sobre filosofia e tornou-se filósofo. Leu tudo sobre matemática e tornou-se matemático. Leu tudo sobre natação e se afogou.

Existem certos temas sobre os quais é preciso que se *pratique* mais do que se *leia*. A meditação é um deles. Mesmo que você sinta não estar bem informado sobre o assunto, esta pode ser uma boa hora para parar por 3 minutos, ou mesmo um, e praticar o exercício que se segue. As instruções são simples e claras, por isso não pense muito a respeito, apenas tente.

A contagem da respiração

Sentado confortavelmente em um lugar silencioso, com as costas eretas, os pés apoiados no chão, as mãos sobre as coxas, comece a praticar.

De cada respiração apenas conte mentalmente a expiração: "Inspire... 1, inspire... 2, inspire... 3, inspire... 4", e recomece: "Inspire... 1" Pratique *agora* uma vez, *antes* de dar continuidade à leitura.

Prossiga lendo estas instruções e tente este exercício simples um pouco mais. Esforce-se para não perder a conta, e também tente não alterar ou regularizar a respiração. Veja se consegue perceber a sensação física da inspiração e expiração à passagem do ar no nariz e na boca. O ar parece quente ou frio? A respiração está rápida ou lenta?

Caso você se encontre pensando a respeito de outras coisas que não a sensação de respirar e o número da expiração, volte a concentrar-se na sensação e no número. Se não estiver totalmente seguro sobre o número em que está, volte de imediato ao começo com "Inspire... 1". Não faça julgamentos, não estimule pensamentos do tipo "Perdi a conta", apenas volte a "Inspire... 1".

Ao praticar seu hobby favorito, como jardinagem ou costura, o pensamento em geral se concentra diretamente no que você está fazendo. Colar madeira ou dar um ponto torna-se seu pensamento "preferido". Agora, pense na contagem e na sensação de cada respiração como seus pensamentos "preferidos". Pensamentos intrusos como lembranças, planos, medos, desejos, o almoço ou outro qualquer serão delicadamente substituídos por "Inspire... 1, Inspire... 2" e assim por diante, tão logo você os sinta insinuarem-se. E com certeza o farão! Claro que é difícil manter-se concentrado! No entanto, é extraordinariamente gratificante à medida que se torna mais natural.

A vantagem deste método é que pode-se praticá-lo em *qualquer lugar*! Tente no ônibus ou durante uma reunião longa e tediosa. Como todos os exercícios de "iluminação da mente", com um pouco de prática o método de contagem da respiração lhe proporciona uma sensação deliciosa de paz e serenidade (a resposta do relaxamento, na página 22, caso se lembre). Agora, repita o exercício ou continue a leitura, como preferir.

PARTE UM

A jornada rumo à iluminação

Na Parte Um deste livro, apresentarei alguns conceitos que o auxiliarão na compreensão mais clara e completa da meditação. Começarei descrevendo um modo particular de encarar o mundo, o qual a maioria dos praticantes da meditação experientes afinal parece adotar. De início, pode achar difícil acreditar nesse ponto de vista alternativo. À medida que medita, porém, verá que, de algum modo, ele começa a formar um sentido intuitivo.

Também tratarei do que é comumente chamado "Estado de Iluminação". Com freqüência, as pessoas não muito bem informadas a respeito da meditação concentram-se nesse estado ilusório como o único "objetivo" do meditador iniciante. Na verdade, esse enfoque equivocado em relação à iluminação pode impedir ou desencorajar aspirantes à meditação, em vez de inspirá-los ou ajudá-los. Compreender que a iluminação é uma jornada e não um destino é bem mais útil do que se agarrar com avidez a um suposto objetivo espiritual! Nessa estrada, o que importa é cada passo individualmente...

> Para alguns de nós (inclusive eu), a idéia de alcançar a Iluminação pode parecer um pouco exagerada – mais um maná do céu da metafísica. E é bom sentir-se assim, pois o principal emprego da meditação é como um instrumento prático de uso diário com resultados benéficos quase instantâneos.

Encerrarei a Parte Um com a discussão das três mais importantes "etapas do caminho" que a meditação nos ajudará a descobrir.

Um guia do universo para o meditador

"Estou sozinho": o ponto de vista ocidental

A maioria de nós neste prosaico mundo ocidental tende a fixar-se em um modo bastante limitado mas incrivelmente popular de nos relacionarmos conosco e com o mundo. Chamarei este modo de "o ponto de vista ocidental" e começarei descrevendo a "auto-imagem ocidental".

Quando endossamos este ponto de vista, vemo-nos basicamente como um corpo, alguns centímetros cúbicos de carne envoltos em pele, com uma porção especializada na parte superior, chamada cérebro. Interações químicas complexas nesta porção-cérebro de algum modo geram instintos, emoções, pensamentos e autoconhecimento.

Acreditamos que o que está dentro da pele é "eu" e o que está fora é "não-eu". O não-eu inclui todas as outras pessoas e coisas, objetos, animais, seres humanos.

"Somos todos um": o ponto de vista do meditador

No entanto, há mais de um modo de nos vermos em relação ao resto do universo. Por milhares de anos, místicos e meditadores (os dois quase sempre andam juntos, embora não obrigatoriamente) de todos os tipos mantêm uma opinião diversa, a qual denomino "o ponto de vista do meditador".

Sob este ponto de vista, o universo é, segundo a terminologia do físico teórico Sir James Jeans, mais semelhante a uma "mente gigantesca" do que a uma "máquina gigantesca". E cada um de nós é mais semelhante a um pensamento integrado naquela mente gigantesca do que a uma pequena engrenagem isolada com função quase independente na grande máquina (como na visão ocidental). Algumas pessoas gostam de se referir a essa "grande mente" como a consciência universal. Outras preferem pensar nela como "Deus", a "força superior" ou "tudo que existe".

> O elemento importante no ponto de vista do meditador é o fato de que somos muito mais do que um corpo/mente minúsculo e isolado. Em vez disso, somos uma parte pequena mas importante de uma consciência coletiva que inclui tudo o que existe ou existiu. Apenas perdemos este fato momentaneamente de vista, quando nascemos nesta cultura, com sua visão ocidental predominante.

Algumas analogias podem ser úteis ao esclarecimento deste conceito. Se você desejar explorar essas concepções mais a fundo, consulte os livros de Watts e LeShan citados na Bibliografia.

A analogia do sonho

"Reme, reme, reme gentilmente seu barco ao sabor da corrente.
A vida nada mais é do que um sonho, contente, contente."

Venho cantando essa canção, como tantas outras pessoas, desde a infância, sem nunca parar de fato para buscar qualquer significado especial que pudesse conter. No entanto, há milhares de anos, os filósofos de todas as culturas comparam o indivíduo não-iluminado a um personagem de sonho, cuja compreensão da realidade limita-se à "realidade" do mundo onírico que habita.

Considere o sonho. Nele, existe uma variedade de personagens. Mas você com certeza acredita ser um determinado personagem – isto é, saberá que personagem você é no sonho, mesmo que ele seja, até certo ponto, diferente de você desperto.

Já sonhei que era mais velho, mais jovem, russo, até mesmo marciano. Quem quer que eu seja no sonho, porém, sei que sou eu, apesar do fato de que meu personagem pode modificar-se no decorrer do sonho.

E, apesar de quase nunca me conscientizar desse fato *durante* o sonho, minha "mente ativa" é a criadora *tanto* do "Dave-personagem no sonho" *como* dos outros personagens.

Sob o ponto de vista do meditador, poderíamos dizer que cada um de nós é, neste momento, o personagem de um sonho da "grande mente". Essa grande mente (ou Deus, ou a consciência universal) guia a mim e todas as outras pessoas e coisas neste sonho que se assemelha à realidade e no qual eu vivo. Como vejo esse sonho universal de meu próprio e limitado ponto de vista (a visão ocidental), as outras pessoas e coisas que nele habitam parecem separadas de mim, embora não estejam de fato. Somos todos personagens no mesmo sonho universal gerado pela mente de Deus. E trata-se "apenas" de um sonho, não importa o quão real pareça.

Conexões invisíveis

Um cogumelo crescendo no solo parece uma planta independente. No entanto, o pequeno vegetal que chamamos cogumelo é na verdade apenas uma minúscula e efêmera parte de uma rede de fungos (conhecida como micélio) que existe sob a terra, durante todo o ano, e que pode ser tão grande quanto um campo de futebol. Esses milhares de cogumelos espalhados por uma campina, aparentemente separados, são órgãos ou partes de um único organismo.

Sob o ponto de vista ocidental, uma pessoa é como nossa concepção errônea do cogumelo: minúscula, efêmera e isolada. Quando passamos à visão do meditador, vemos o cogumelo como parte integrante de um campo de micélio e uma pessoa como parte inseparável da consciência universal.

O oceano cósmico

Uma onda em um oceano parece ter identidade própria. Surge e existe por tempo determinado. Podemos vê-la, ouvi-la e surfá-la. Então, ela desaparece no oceano de onde veio. Tente ver-se como uma onda no oceano da consciência.

Seu ponto de vista próprio: uma perspectiva difusa

Aceitar a abordagem ocidental ou a do meditador à vida modela nossa percepção de alguns pontos básicos. A atitude em relação ao nascimento, à morte e a tudo o que existe nesse intervalo é afetada por nossa escolha de perspectiva.

Nascimento

Na visão ocidental, o nascimento é visto quase como um acontecimento mecânico, a combinação de um óvulo e um espermatozóide como dois elementos químicos que se juntam para formar uma substância composta com características próprias. A consciência, então, é o resultado de uma reação bioquímica no cérebro recém-formado.

De acordo com o meditador, um impulso ou desejo da grande consciência de expressar-se na realidade física gera a interação necessária para unir um homem e uma mulher, e a seguir um óvulo e um espermatozóide. Assim, cada indivíduo é uma "parte reciclada" da consciência universal.

Deus

Do ponto de vista ocidental, há uma tendência em se considerar Deus como estando acima e isolado do mundo. Deus é o criador do universo, quase como uma pessoa que estabelece e dirige um negócio.

Segundo a meditação, Deus não se encontra isolado do mundo, mas *é* a consciência de onde *tudo* se origina. Desse modo, Ele *é* todo o universo, o qual inclui a mim, você, Madre Teresa e Al Capone.

Na visão ocidental, quando alguém diz "Eu sou Deus", isso significa que essa pessoa está provavelmente louca e que espera que todos se curvem diante dela. Para o meditador, quando alguém afirma "Eu sou Deus", isso pode significar que tudo e todos são também Deus, porque Ele é a "matéria" da qual todas as pessoas e coisas são feitas.

Causa e efeito

No mundo ocidental, cada indivíduo pratica ações específicas, as quais têm determinados efeitos sobre o mundo. Para o meditador, tudo o que se faz está ligado e depende de todas as outras coisas.

Pense no gato de seu vizinho. Seus movimentos pelas vizinhanças, na visão ocidental, parecem aleatórios e completamente independentes de outras coisas. Entretanto, para o meditador, o gato é levado a um quintal por causa do canteiro de madressilvas que atrai beija-flores, e evita outro quintal devido à presença de um cachorro de grande tamanho. As madressilvas foram plantadas por uma família européia que deixou a terra natal após um terremoto de 1880. A outra família comprou o cão de guarda depois que uma casa nos arredores foi arrombada por ladrões. De uma forma bastante efetiva, os movimentos do gato hoje em dia estão ligados ao terremoto no passado e ao medo de um possível crime no futuro. Esta mesma visão "interligada" aplica-se a qualquer fato: político, social, econômico ou interpessoal.

Bem e mal

No mundo ocidental, os acontecimentos e pessoas que lhe agradam são considerados "bons" e os que lhe desagradam são os "maus". O bem e o mal são vistos como termos *absolutos*. É sempre possível distingui-los e separá-los.

Na concepção do meditador, compreende-se que o bem e o mal são termos *relativos*. Só são válidos quando analisados sob um ponto de vista particular. Durante a Guerra Civil, um habitante do Norte consideraria o general Grant bom, enquanto o general Lee seria mau. Um sulista pensaria exatamente o oposto.

Morte

Na abordagem do Ocidente, a morte do corpo significa necessariamente a morte da consciência, pois esta é um simples subproduto das atividades bioquímicas do cérebro. Até mesmo os observadores ocidentais com uma formação tradicional judaico-cristã ou de outras religiões podem ter dificuldades em conciliar suas crenças religiosas sobre vida após a morte com suas convicções sobre a realidade fisiológica.

De acordo com a meditação, a morte significa uma espécie de reabsorção ou reciclagem do indivíduo à consciência universal. Desse modo, é fácil e natural crer em qualquer tipo de vida após a morte física, embora os detalhes possam ser desconhecidos no momento. De alguma forma, todos os nossos líderes espirituais, de Moisés a Martin Buber e de Jesus a Thomas Merton, criam com convicção na perspectiva de vida após a morte adotada pelos meditadores.

A vida no mundo "real"

Obviamente, a aceitação do ponto de vista do meditador não significa que você não vá passar grande parte do dia-a-dia no mundo ocidental. E, sendo este o caso, é conveniente, até mesmo necessário, agir *como se* causa e efeito, vida e morte, bem e mal fossem reais e significativos.

Um teórico da física sabe que a mesa de sua cozinha é composta em grande parte pelos espaços vazios entre os elétrons. No entanto, ele a usa com segurança para apoiar seu prato. Um nativo australiano crê em um "Tempo do Sonho", uma realidade mística em que os sonhos e espíritos governam a Terra, determinando os resultados de todos os eventos. Contudo, depende também de seu conhecimento do comportamento animal e da geografia local para sobreviver.

Você pode viver e agir no mundo de acordo com a visão ocidental. Ao mesmo tempo, pode começar a abrir sua mente à possibilidade de que a visão do meditador tem sua validade própria. O bloco seguinte pode ajudá-lo a aceitar esta visão (em um nível intelectual, pelo menos) imediatamente.

Por que devemos também acreditar

À medida que você prossegue com a prática da meditação, o ponto de vista do meditador começará a parecer a você mais exato em um nível profundo ou emocional. Hoje, porém, você provavelmente sente-se inseguro a respeito dessa perspectiva e se pergunta: O ponto de vista do meditador pode ser real?

Minha resposta a essa pergunta é prática, e não científica ou espiritual. Essa resposta também é válida no que se refere à questão possivelmente mais antiga da humanidade: "Existe vida depois da morte?"

Parece haver certa evidência de que alguma parte do ser humano subsiste após a morte do corpo, embora seja impossível saber com certeza, até que você próprio morra. Eu, porém, estou *certo*, absolutamente certo, de que *não perdemos nada* sustentando a crença na existência de vida após a morte física. "Como pode ser?", você talvez pergunte. Eu lhe direi.

Se estivermos certos em nossa crença, estaremos preparados para a continuação da existência. E, durante esta vida atual, teremos nos valido da fé e do apoio que vêm de uma crença na consciência imortal.

Se estivermos errados, e o nada absoluto se seguir à morte, nunca saberemos de nosso erro. Mas ainda assim teremos aproveitado os benefícios da crença durante a vida! É um jogo que de fato não perdemos.

Por outro lado, suponhamos que optemos por não acreditar na consciência depois da morte. Mesmo que estejamos certos e nada exista depois da morte, nunca teremos a satisfação de saber que estávamos certos. E, se estivermos errados, como teremos nos privado dos benefícios da crença em algum tipo de vida depois da morte, nesta vida! Mau negócio!

Sinto-me do mesmo modo em relação ao ponto de vista do meditador. Se estiver enganado em minha crença, nunca saberei. E certa ou errada, minha confiança na visão do meditador pode me ajudar a ter agora uma vida com maior aceitação e firmeza!

"Iluminação": Do que se trata?

Em minha opinião, a Iluminação se refere a um estado em que a mente se torna clara o suficiente para abarcar o ponto de vista do meditador, ao menos durante a maior parte do tempo. Isto é, para compreender que todas as coisas estão interligadas e que a realidade física não é de maneira alguma a verdade absoluta. Para compreender que o corpo é a expressão de uma consciência oculta, e não que a consciência é apenas um subproduto bioquímico do corpo. E para viver de acordo com tal conhecimento, com a mente livre dos confusos medos e desejos do cotidiano.

Como você já deve ter adivinhado, a iluminação não é um lugar muito fácil de se chegar. Caso fosse, estaríamos todos andando por aí iluminados, não haveria mais crimes, pobreza, ódio ou guerras, e eu teria de voltar a escrever manuais de gaita!

Não perca muito tempo agora preocupando-se com seu sucesso na obtenção da iluminação. Esqueça as perguntas do tipo: "Já cheguei lá?" Como diz o velho clichê (e a maioria dos clichês se baseia em mais que um pingo de verdade, de outro modo não seriam clichês): "É a jornada, e não o destino, que importa." No caminho para a iluminação, o processo de para lá se encaminhar detém 50% do prazer! E também a maior parte do esforço! E para citar outra pérola: "Mesmo a mais longa jornada começa com um simples passo." Uma única Meditação em 3 Minutos pode ser um pequeno passo, mas que o porá a caminho, se você ao menos tentar.

Etapas do caminho

As etapas descritas a seguir são parte da viagem rumo ao autocontrole mental e àquele indefinível estado de iluminação. Cada passo corresponde a uma série de exercícios de Meditação em 3 Minutos que estão na Parte Dois do livro. As informações a respeito dessas etapas o ajudarão a compreender por que os exercícios são importantes. Mas é claro que a *prática* dos exercícios é a parte que de fato importa!

Não foi fácil distribuir as etapas em uma ordem lógica. Como é de se esperar após a leitura da seção sobre o ponto de vista do meditador, essas etapas diluem-se, misturam-se e entrelaçam-se. Estou certo, porém, de que, para a maioria das pessoas, o ponto de partida é a primeira etapa, "Iluminando a Mente". Na verdade, pode-se facilmente passar uma vida inteira, ou três, apenas na primeira etapa! Ainda passo cerca de 80 a 90% do tempo que dedico à meditação com exercícios para iluminar a mente.

A segunda etapa, "Observando a Mente", parece seguir-se naturalmente à primeira, e a terceira, "Dominando a Mente", dá continuidade à seqüência. Sinta-se à vontade, porém, para tentar qualquer dos exercícios de Meditação em 3 Minutos, na ordem que lhe parecer interessante, quando começar a usar os iluminadores da mente...

> **A Primeira Etapa – Iluminando a Mente:** Quase todos os benefícios da meditação podem ser obtidos com a simples prática dos Exercícios para Iluminar a Mente! Cada um deles ajuda a acalmar o fluxo constante de ruídos na mente.
> Sente-se sobrecarregado de especulações teóricas? Então, dirija-se à página 72, diretamente aos Exercícios para Iluminar a Mente.
> **A Segunda Etapa – Observando a Mente:** Os exercícios relacionados a esta etapa o auxiliarão na observação de pensamentos que fluem através de sua mente. Em vez de se envolver com o *conteúdo* específico de cada pensamento, você começará a perceber o *processo* pelo qual surgem e desaparecem. E ao aprender a assistir ao "filme" que passa em sua mente, como no cinema ou na tevê, também aprenderá a "levantar-se e sair" ou "mudar de canal" quando quiser!
> **A Terceira Etapa – Dominando a Mente:** Os Domadores da Mente são quatro conceitos-chave – "Compaixão", "Visualização", "Relaxamento" e o "Eu Não Sei" – que o ajudarão a trabalhar com os Exercícios de Meditação em 3 Minutos.
> **Dentre os Domadores da Mente, é especificamente crucial o conceito da Compaixão. Sem esta, mesmo o aprendizado da meditação vem a ser apenas mais uma oportunidade de se julgar severamente.**

Quanto tempo deve levar?

Não desanime se essas etapas parecerem difíceis. Ninguém espera que você as domine de imediato. Na verdade, o Buda afirmou que para se alcançar a iluminação leva-se, em média, cem mil *mahacalpas*. Um *mahacalpa* é o tempo aproximado que um pássaro levaria para carregar uma echarpe de seda ao topo do monte Everest uma vez por ano, a fim de cobrir o monte até o nível do mar. Portanto, não se preocupe em *terminar* sua corrida rumo à iluminação, mas, em lugar disso, conscientize-se de que é melhor *começar* já!

Sobre a iluminação da mente

A mente é repleta de pensamentos. Às vezes você pode concentrar-se de maneira tão intensa em uma atividade específica que nenhum outro pensamento o distrairá. Por um certo tempo. Logo, porém, um momento de descuido, dúvida, desejo ou medo se insinua. E, dada a natureza dos pensamentos, quando a mente *não está* concentrada intensamente – ao dirigir, comer ou mesmo relaxar –, ela pode pular de pensamento em pensamento, como um macaco de galho em galho.

Na maior parte do tempo, nossa atenção mental dirige-se ao mundo exterior, às outras pessoas. A mente está repleta de pensamentos que planejam o futuro ou analisam o passado. Constantemente julgamos tudo que passa em nosso campo de visão mental: gosto desta forma, não gosto daquela; ela é bonita, ele é um idiota. E alguns pensamentos podem durar uma vida, como quando passamos anos obcecados pelo mesmo forte desejo, ou torturando-nos sem cessar com os mesmos medos aparentemente "incontroláveis".

Quando trabalhamos com as técnicas de meditação para iluminar a mente, simplesmente focalizamos a atenção em determinada coisa, seja nossa respiração, nosso andar, a chama de uma vela ou outra coisa qualquer. Enquanto concentramos a atenção no objeto escolhido, tentamos não nos distrair com os mesmos pensamentos que em geral nos perturbam. É inevitável que estes se insinuem, e isso é normal. No entanto, mesmo uns poucos segundos de claridade mental podem ser realmente um alívio.

Essa prática de manter a mente iluminada, por meio do enfoque consciente da atenção, é um excelente exercício de controle mental. E, à medida que a mente se ilumina, podemos passar à próxima etapa, "Observando a Mente".

Sobre a observação da mente

Quando um pensamento entra em sua mente, você se sente obrigado a prestar-lhe atenção? Talvez você possa simplesmente varrer alguns para longe. Outros, em especial medos e desejos, parecem expandir-se e tomar conta de toda a consciência, embora talvez você queira livrar-se deles no nível consciente. Com freqüência, parece que temos pouco controle sobre nossa mente, principalmente quando há recorrência de uma imagem desagradável ou um desejo inaceitável, apesar da vontade consciente de livrar-nos dele.

> Depois de praticarmos os exercícios para clarear a mente, descobriremos que se torna mais fácil observar nossos pensamentos, como se de fato fossem cenas em uma tela de cinema. A crescente habilidade para o enfoque consciente da atenção torna-se um instrumento poderoso, como uma lanterna que podemos direcionar aos cantos escuros de nossa mente. Isto é a "Observação da Mente".

Aprenderemos a trabalhar com os pensamentos, percebendo-os, contando-os, rotulando-os. Logo começaremos a reconhecer padrões e seqüências de pensamentos familiares.

Em vez de estarmos atentos apenas ao *conteúdo* específico de cada pensamento, veremos o *processo* pelo qual surgem e se desvanecem. À medida que compreendemos melhor esse processo, por intermédio da observação da mente, tornamo-nos capazes de escolher como lidar com os pensamentos emergentes. Prestaremos atenção quando assim o desejarmos, e do mesmo modo deixaremos alguns de lado. Ao final, *nós* controlaremos os pensamentos, em vez de sermos por *eles* controlados.

E os pensamentos nos *controlarão*, se o permitirmos. Como disse Epíteto, há mais de dois mil anos: "Os homens não se preocupam com as coisas que acontecem, mas sim com seus pensamentos sobre tais coisas."

Ninguém pode controlar os fatos que ocorrem no mundo. Estamos todos à mercê de vírus, acidentes, desastres naturais, velhice. *Podemos*, porém, controlar nossas reações mentais ao que quer que aconteça, se aprendermos a compreender como o processo do pensamento se dá.

No cinema

Gostaria agora de aprofundar um pouco mais a analogia do filme. Considere a seguir duas formas distintas de assistir a um filme.

Se assim o desejarmos, podemos concentrar a atenção na tela do cinema e observar apenas o *conteúdo* do filme exibido. Quando assistimos ao filme dessa forma, sentimo-nos tristes quando ocorrem fatos tristes. Se, ao contrário, o que ocorre são acontecimentos felizes, sentimo-nos felizes. Se os produtores do filme são propagandistas habilidosos, terão facilidade em manipular nossas convicções e sentimentos. Por exemplo, a produção alemã *Das Boot* (O barco), sobre a tripulação de um submarino alemão lutando pela sobrevivência, foi desagradável para muitas platéias nos Estados Unidos por virtualmente forçá-las a torcerem pelos tripulantes nazistas.

Alternativamente, podemos concentrar nossa atenção consciente, de um modo mais amplo, em todo o *processo* de "estarmos no cinema". Estaremos conscientes não só em relação à ação na tela, mas também ao fato de que se trata "apenas" de um filme. Assim, ao mesmo tempo em que assistimos ao filme, percebemos os outros muitos aspectos da situação. O cinema está cheio ou vazio? As outras pessoas estão interessadas ou entediadas? Que técnicas ou efeitos especiais foram usados na produção da cena mostrada agora? De que maneira a trilha sonora nos sensibiliza? Que sentimentos cada cena ou personagem provoca em nós? Gostamos ou não de tais sentimentos? Quais foram os objetivos do diretor e do produtor do filme? Aprender a assistir a filmes desse modo *processual* é uma excelente prática para os exercícios de observação da mente descritos na Parte Dois deste livro.

Podemos lidar com nossa mente dessas duas maneiras. A forma que a maioria de nós adota, na maior parte do tempo, é a do "conteúdo". Envolvemo-nos em cada pensamento que temos: O pensamento é de temor? Tornamo-nos ansiosos. De solidão? Sentimo-nos solitários. Se dois pensamentos conflitantes ocorrerem ao mesmo tempo, como o desejo de comer a sobremesa e a ansiedade devido à obesidade, ficaremos confusos. Estamos tão envolvidos no conteúdo de cada pensamento que passa por nossa mente que talvez pareça que, na verdade, nada *somos* senão a soma, o total, desses pensamentos.

Relacionando-se com a mente

No entanto, quando aprendemos a perceber o processo do pensamento, ao observá-lo, conscientizamo-nos de que não somos eles; eles não passam de uma pedra, um livro ou *qualquer outra coisa que possa-*

mos ver exteriormente. E podemos, como afirma Stephen Levine, "relacionarmo-nos *com* a mente, e não *a partir dela*".

> Relacionar-se com a mente significa "afastar-se" para observar com precisão o que nela ocorre, sem prender-se ao conteúdo de um pensamento particular. Significa estar apto a perceber um pensamento de medo e dizer "Ah! Eis um pensamento de medo!" sem sentir temor. Perceber um pensamento lúbrico e dizer "Ah! Eis um pensamento lúbrico!" sem ser consumido pelo desejo e/ou culpa.

Quando aprendemos a observar os pensamentos, começamos a perceber padrões de pensamentos que são particularmente nossos. Para alguns de nós, o cansaço sempre fará surgir pensamentos terríveis. Para determinada pessoa, a visão de um carro luxuoso poderá resultar em pensamentos de raiva ("Rico idiota! Não merece um carro como esse!"), enquanto para outra resultará em pensamentos ambiciosos ("Quando ganhar muito dinheiro, terei um carro como esse e um iate"). A visão de alguém mais bem-sucedido do que nós pode levar a pensamentos de autodesprezo que podem se expressar de formas tão variadas como a hipocondria ou o desespero. Ou talvez produza um pensamento de inveja, o qual pode trazer culpa, e assim por diante.

O processo da iluminação semelhante ao do espirro

Eu costumava acreditar que um espirro era algo que "simplesmente acontecia". A menos que estivesse resfriado ou que caísse pimenta ou poeira no nariz, um espirro, em geral, parecia vir do nada e ser quase inevitável. É claro que, às vezes, percebia um "formigamento pré-espirro" no nariz, e podia então adiar ou mesmo evitar o "atchim", se quisesse lutar com ele.

Após um pouco de prática com as várias técnicas de meditação por meio da respiração descritas neste livro, com freqüência me encontro apto a observar todo o processo do espirro com maior nitidez. Em vez de perceber a sensação de formigamento alguns segundos antes que aflore em espirro pleno, agora começo a notar uma levíssima sensação de pressão ou calor na parte anterior do nariz, muito antes de se tornar desconfortável o suficiente para provocar até mesmo uma fungadela ou enrugar do nariz. Nesse momento, concentro a atenção na sensação em si, sem rotulá-la como perturbação, sem me perguntar se terei de espirrar ou não. Apenas a sensação: é quente ou frio? Firme ou instável? Onde exatamente se localiza, no sino paranasal ou mais próximo à ponta do nariz?

De modo surpreendente, a urgência do espirro quase sempre desaparece quando tratada dessa maneira. O formigamento do nariz desaparece no nada, e volto o foco da atenção para a respiração. A maior parte das sensações e pensamentos pode ser efetivamente tratada da mesma forma. Observá-los de perto nos oferece um grande poder para controlá-los.

Domando a "mente Rambo"

Eu costumava ser perturbado por pensamentos machistas. Sem razão aparente (mas em geral ao andar pelas ruas da cidade à noite), via-me tendo fantasias do tipo "Rambo", em que eu era poderoso, durão, até mesmo perigoso. Gostava desses pensamentos até certo ponto; no entanto, eles também me amedrontavam e pareciam-me inadequados.

Quando comecei a observar minha mente mais de perto, pude ver que esses pensamentos não eram inevitáveis e não "surgiam do nada". Em vez disso, eram sempre precedidos por uma efêmera sensação de medo e vulnerabilidade que os acionava, assim como o espirro era sempre antecedido por um formigamento no nariz.

Sou capaz agora de reconhecer esse tipo de pensamento como uma tentativa de minha mente de evitar pensamentos temerosos de impotência. Com essa nova consciência, posso reconhecer, aceitar e aliviar meus pensamentos de temor com compaixão quando surgem. Encaro-os abertamente e já não tenho de reagir tentando encobri-los com jogos mentais machistas!

A mente selvagem e louca

> É de fato importante conscientizar-se de que todos têm uma mente selvagem e louca, repleta do mesmo tipo de pensamentos indômitos, emaranhados, que atravessam nossa mente.

Imagine se você imaginasse ser a única pessoa no mundo que precisasse urinar todos os dias. Teria uma consciência aguda de que deveria realizar esse ato sujo, "não-natural", mas não veria outra pessoa fazê-lo. Einstein fazendo xixi? Robert Redford? Impossível!

É da mesma forma doloroso, ainda que um pouco menos ridículo, não reconhecer que todos têm o mesmo tipo de mente "macaco" (pulando de galho em galho) que você. Poucas pessoas são abertas o suficiente para falar a respeito de *seus* medos, fobias e fantasias. Assim, a sua é de fato a única mente cujo turbilhão de pensamentos estranhos você pode facilmente perceber. Mas o fato de saber que estamos todos no mesmo barco mental me ajuda a julgar minhas ruminações bizarras em um nível um pouco menos pessoal.

Deixando os pensamentos passarem

Comecei a entender a necessidade de não encarar alguns pensamentos (em geral os repetitivos e autodepreciativos) com muita seriedade, e também a de deixar que eles passem o mais rápido possível, quando trabalhava na Haight Ashbury Free Clinic, em San Francisco. Com freqüência recebia a incumbência de "acalmar" uma pessoa que ali chegava com alucinações devidas a ácido. Logo percebi que a maioria desses "acessos" era causada pela inabilidade do indivíduo em deixar um pensamento perturbador passar.

John era um paciente que vinha à clínica com freqüência. Chegava drogado com LSD, tendo alucinações, por exemplo, com sua avó já falecida, puxando sua perna, uma faca presa entre os dentes. Lera a descrição dessa imagem em algum lugar e ela "fixara-se em sua mente". Assim, "via" a avó e pensava: "Puxa, que idéia *maluca*!" E a seguir: "Devo estar louco para pensar em algo assim... Será que ela ainda está aqui?" Meia hora depois, John acabava na Haight Clinic, conversando comigo!

Ao contrário, Lady Paisley era uma mulher que vivia na rua e raramente vinha à clínica, a não ser para dizer alô. Certa ocasião falou-me sobre seu método para lidar com alucinações potencialmente perigosas – isto é, "viagens" nas quais tinha repetidas vezes o mesmo estranho pensamento, como, por exemplo, "um exército de camundongos cobrindo o chão. E todos vêm em minha direção vestindo minúsculos uniformes, com um general camundongo à frente..." Ela também exclamava: "Puxa! Que idéia maluca!" Então ria e deixava sua mente passar ao próximo pensamento maluco, ou concentrava-se nos padrões formados pelos camundongos alucinatórios ou pelo sol no chão, ou nos próprios dedos dos pés! Tinha bastante experiência com pensamentos estranhos e sabia muito bem deixá-los passar de um momento para o outro!

Vivendo o presente

Algumas lembranças ou planos para o futuro são úteis, ou pelo menos necessários, para viver nesta ou em qualquer outra cultura. No entanto, é importante lembrar que, quando concentramos a atenção em um pensamento do passado ou do futuro, trazemos o passado ou o futuro para o presente, tirando assim o presente real, o "agora", de nossa mente.

Quando pensamos na quantidade de trabalho que temos a fazer enquanto o patrão nos fala, ou o que diremos a seguir, numa conversa com um amigo, não estamos presentes para ouvir e responder com significado e lógica nesse momento. De modo semelhante, quando nos ocupamos preparando a próxima garfada enquanto mastigamos o bocado presente, ou pensamos na sobremesa ao comermos o prato principal, simplesmente não estamos presentes para saborear o que comemos no momento.

> A maior parte das pessoas que meditam descobre que não necessita de tanto "planejamento" ou "lembranças" como acreditava. Um corpo saudável e bem cuidado pode reagir com rapidez e naturalidade às necessidades físicas de qualquer situação, quer envolva luta ou fuga, sono profundo ou estado de alerta. Desse modo, a mente iluminada pela meditação tende a responder com naturalidade e propriedade às circunstâncias mentais do momento presente, quaisquer que sejam.

Comecei a compreender esse fato quando aprendia a improvisar na gaita-de-boca. Ao preocupar-me com a nota que acabara de tocar ou ao planejar a próxima seqüência, reduzia minha habilidade de improvisar livremente. Precisava aprender a *deixar* a nota *ir* tão logo a tocasse, sem pensar também na próxima. Só então comecei a aperfeiçoar minha música.

A mente tagarela

Freqüentemente, nem mesmo estamos cientes de todos os nossos pensamentos. Muitos de nós parecem sofrer de um monólogo interno que se processa de modo intermitente, uma voz interna crítica e julgadora que parece ter prazer em oferecer comentários gratuitos e em geral negativos. Esses comentários entram sorrateiros em nossa mente, quase despercebidos, e como pequenos vazamentos no fundo de um barco, muitas vezes têm um efeito de longo prazo ou cumulativo desagradável.

Costumava censurar-me com os dois primeiros versos da música dos Beatles *I'm a Loser* (Sou um perdedor). Sempre que fazia algo que não funcionava com perfeição, inconscientemente cantarolava para mim mesmo: *"I'm a looooo-ooser..."*, reforçando os sentimentos negativos.

Ao começar a iluminar e observar minha mente por meio da meditação, fui capaz de ver o que fazia (ao menos algumas vezes) e comecei a desvencilhar-me desse hábito autodepreciativo. Antes de começar a meditar, não conseguia ver o que acontecia. Não podia flagrar-me com tal comportamento, então não era capaz de lidar com ele.

Sinto-me muito melhor agora que minha mente não mais entoa aquela canção miserável! Você se sentirá mais feliz e positivo também quando começar a cessar a tagarelice de sua mente!

Quatro técnicas para dominar a mente

Essas quatro técnicas e seus respectivos exercícios são poderosos instrumentos para acalmar e controlar corpo e mente. Podem ser usadas isoladas ou para acrescentar profundidade e força a qualquer tipo de meditação.

Visualização

A visualização é a arte de criar imagens mentais. Como essas imagens podem exercer um efeito poderoso em nosso corpo e mente, como discutimos na página 22, a prática dessa habilidade nos permitirá melhor usá-la em nosso benefício. O aprimoramento das habilidades de visualização nos ajudará com todas as técnicas de Meditação em 3 Minutos, principalmente com a "Meditação de Relaxamento" e com o crucial "Exercício de Visualização da Habilidade Mestra", que é o último neste livro. Não o perca!

Todos podemos imaginar um elefante, um coelho ou um fusca. A maioria de nós pode produzir uma imagem mental clara o suficiente de nossa vizinhança, a fim de descrever casas e edifícios próximos ao nosso. Conta-se que o inventor Nicola Tesla era capaz de visualizar uma nova máquina, deixar que esta "funcionasse" por umas poucas horas e "ver" quais partes apresentavam desgaste do metal ou do uso! Este era um visualizador sério!

Relaxamento

O relaxamento é para o corpo o que a meditação é para a mente: um processo em que se volta a atenção para dentro de si mesmo ao mesmo tempo em que se permite que as tensões físicas que normalmente habitam nosso corpo se desfaçam. Aprenderemos a usar a meditação para nos ajudar a relaxar e a usar o relaxamento para nos ajudar a meditar.

Compaixão

Provavelmente, a maneira mais importante de meditarmos é apenas dedicarmos tempo a nós mesmos em um estado de compaixão e perdão. Parece fácil, até mesmo simplista, mas *funciona*. E até que possamos perdoar-nos ou sentirmos autocompaixão, não podemos nutrir esse sentimento em relação a outras pessoas.

Nesta sociedade estressante, voltada para as realizações, freqüentemente nos julgamos deficientes. Não somos tão bonitos quanto os astros e estrelas do cinema, nem ricos como os especuladores do mercado de ações, ou inteligentes como os cientistas que vemos com freqüência nos noticiários.

> Controlamos e julgamos a nós mesmos sem demência – como se a nossa mente fosse um administrador à procura de uma constante melhoria do limite pessoal. Contudo, quando a compaixão se torna nosso parâmetro, mesmo por um momento, aprendemos então a nos *investigar* como um antropólogo estuda uma cultura estrangeira. A curiosidade alerta substitui o costumeiro desdém ou negação, as tentativas usuais de evitar a dor por meio da reclusão do coração.
>
> Afastando-nos de uma posição de julgamento crítico, podemos tentar descobrir o que é verdadeiro, mesmo que não seja agradável. Então podemos trazer compaixão a essas "asperezas". É fácil amar nossas melhores características e qualidades mais nobres, mas os aspectos desagradáveis – medo, cobiça e estupidez – são exatamente a parte da qual precisamos ter mais compaixão!

Assim, a arte da compaixão também nos ajudará naqueles tipos de meditação que envolvem o julgamento e a investigação da verdade. E, como já afirmei anteriormente, a consciência da compaixão evitará que deixemos a meditação tornar-se mais uma corrida rumo à derrota, mais uma forma de sermos duros com nós mesmos.

Aplicando compaixão aos pensamentos

Para mim, a frustração sempre leva à raiva. Quando os negócios, relacionamentos ou outros eventos não caminham do modo que eu gostaria, sinto-me primeiro frustrado e então ameaçado por minha própria falta de controle. Quase instantaneamente, os sentimentos de frustração e medo se transformam em raiva, à medida que minha mente tenta encobrir esses sentimentos de insegurança e dor com outros mais agressivos. Ao agir sob o domínio dessa agressividade, posso atacar a mim mesmo ou as pessoas queridas, sem saber sequer o motivo.

No entanto, quando sou capaz de reconhecer a frustração inicial e os sentimentos de medo no momento em que surgem, posso combatê-los com compaixão. Um momento de meditação com Compaixão (página 96) quase sempre quebrará a corrente frustração-medo-raiva e permitirá que eu encare a frustração e o medo diretamente. Não é fácil admitir minha falta de habilidade em controlar pessoas, fatos e coisas. Mas é melhor enfrentar esses sentimentos e a dor que provocam do que o sofrimento muito maior da raiva mal direcionada com seu ataque belicoso a mim ou a outros.

Mesmo que eu de fato fique zangado, posso lembrar-me, após um momento, de ser compassivo em relação a mim, tanto pela dor como por ter ficado com raiva. Todos os homens sentem raiva e devem de alguma forma aprender a lidar com essa emoção. Ter compaixão por minha raiva é bem mais saudável a longo prazo do que sentir culpa por ela, ou sentir-me zangado por ter ficado zangado. A compaixão por mim mesmo permite que eu "assista ao filme" na minha mente e afaste-me de minha reação reflexa de dor, raiva e autodesprezo.

"Eu não sei"

Embora ninguém goste de um "sabe-tudo", estamos sempre hesitantes em admitir (uma palavra que expressa nossa relutância e resistência) que "não sabemos". Em geral, acreditamos que, se não sabemos a resposta, ou o que se está passando, então deveríamos estar tentando descobrir!

No entanto, pode haver compreensão e satisfação no estado do "eu não sei". Há espaço para qualquer coisa na compreensão do "eu não sei" – deixa-nos lugar para todas as possibilidades. "Eu não sei" está no coração da "mente do iniciante" do zen-budismo, na "doutrina do talvez" de Jain e na injunção cristã de "ser como uma criança".

Acrescentar complacência ao "eu não sei" nos dá outra visão da incerteza de viver neste mundo imperfeito e cheio de frustrações. É impossível prever ou controlar muito do que acontece em nossa vida. Aprender a cultivar uma consciência de "não saber", aprender a aceitar esta incerteza, nos ajuda a reconhecer e aceitar a verdade dolorosa – que, com freqüência, somos incapazes de controlar o que acontece em nossa vida, a nós e às pessoas queridas. Quando admitirmos este fato, não mais teremos de desperdiçar energias negando-o.

Fim da Parte Um

Agora você tem um conhecimento teórico mais do que suficiente para começar a meditar. Já é hora de *executar* alguns dos exercícios da Parte Dois, em especial se você ainda não estiver praticando a meditação da respiração na página 30.

PARTE DOIS

Bem-vindo à Parte Dois da Meditação em 3 Minutos. Começarei falando a respeito de "gurus". Discutirei então meu conceito original, ainda que ligeiramente anticonvencional, de "Boa Forma Metafísica", e mostrarei como as técnicas da Meditação em 3 Minutos podem ajudá-lo a manter-se em excelente "forma espiritual"! A seguir, vêm os exercícios de Meditação em 3 Minutos propriamente ditos, os "comos", ou "detalhes práticos" da meditação.

Estes exercícios são divididos em grupos e eu explicarei os "porquês" de cada grupo em uma seção introdutória. Mais uma vez, os parágrafos especialmente importantes se apresentarão em quadros. Caso você queira mais informações sobre os três primeiros grupos: "Iluminando a Mente", "Observando a Mente" e "Dominando a Mente", volte e leia a Parte Um, a menos que já o tenha feito. A Bibliografia também o remeterá a alguns de meus livros favoritos sobre essas e outras categorias de meditação.

Mas lembre-se: *praticar* esses exercícios é mais importante do que ler sobre eles. Desse modo, sinta-se à vontade para ler apenas os quadros e correr os olhos pelos títulos das seções, se assim o desejar. Passe então alguns dias ou semanas praticando os primeiros exercícios de Meditação em 3 Minutos que seguem, antes de ler o restante do livro.

Dois problemas com gurus

Gurus: não são um pré-requisito

Começo a Parte Dois com uma discussão sobre gurus, pois muitas pessoas acreditam que é *necessário* que se tenha um a fim de meditar ou tornar-se iluminado. Eis o primeiro problema com os gurus.

Um guru é o resultado que se obteria caso se cruzasse um treinador ou técnico de um time com um padre ou rabino – basicamente alguém que treina seu desenvolvimento espiritual. Obviamente, o melhor treinador do mundo não lhe será de grande utilidade se você não quiser exercitar-se ou praticar o esporte escolhido. E o mais santo dos padres não o ajudará a tornar-se religioso, a menos que você também decida dedicar-se a esta tarefa.

> O aprendizado da meditação é uma "atividade interior". Embora um guru possa oferecer um bom modelo de comportamento ao meditador iniciante, é o discípulo por si mesmo quem deve realizar a verdadeira meditação.

Sem o desejo de trabalhar a meditação, o fato de se ter um guru é essencialmente um símbolo de status espiritual, uma forma de mostrar-se em um caminho espiritual sem pagar o preço do árduo trabalho mental. Se um aspirante a meditador de fato tem o desejo de empenhar-se, será capaz de prosseguir na estrada da meditação bastante bem, com ou sem a ajuda de um guru!

Por essas razões, creio não ser prejudicial iniciar-se na meditação sem um guru. Quando você já tiver algumas horas de meditação básica, estará muito mais bem preparado para a escolha de qualquer disciplina meditativa (ou guru) que lhe agrade.

> Talvez, como eu, você resolva apreciar e respeitar os muitos bons gurus e outros mestres, cujas palavras, escritos e retiros encontram-se à disposição, sem afiliar-se a qualquer grupo ou seita a ponto de excluir os demais.

A prática traz a perfeição

O segundo maior problema com os gurus é que um número muito grande entre eles parece ter vícios mundanos embaraçosos, como a prática de sexo com os discípulos, alcoolismo, envolvimento em lutas pelo poder, ou coleções de brinquedos caros, principalmente Rolls-Royces. Embora se deva ressaltar que alguns gurus preferem ensinar por meio do exemplo negativo (a velha fórmula do "faça o que eu digo, mas não faça o que eu faço"), acredito que haja uma explicação mais simples para esses deslizes, freqüentemente noticiados, no comportamento dos gurus.

Minha teoria é a de que devemos aprender a diferenciar o "guru *professor*" do "guru *praticante*".

Vejamos o exemplo dos médicos, por um momento. Imagine o melhor professor de medicina do mundo, educado, tranqüilo e objetivo, frente a um anfiteatro lotado de estudantes de medicina exaustos e estressados. Esse médico erudito talvez não seja capaz de realizar um trabalho tão bom, costurando lesões causadas por um pequeno acidente de trânsito, quanto o de um residente mal remunerado em uma movimentada sala de emergência de um hospital urbano. Resumindo, o domínio da mestria do *ensinar* não se traduz necessariamente no domínio da mestria da prática. O professor de medicina é um médico *professor* e não um médico *praticante*.

No mundo da música, sabe-se que um grande professor não é sempre um músico excepcional, e vice-versa. Sou um *professor* de gaita-de-boca competente, e posso me sair bem em qualquer apresentação de jazz. Há centenas de caras, porém, que poderiam acabar comigo em uma *jam session* de uma noite inteira. Por quê? Porque eu dedico bastante tempo ao ensino, mas não à *prática*. Não sou um músico *praticante*...

Temos aí dois aspectos diferentes. Primeiro, para *ensinar* são necessárias habilidades diversas das de *praticar*. Os gurus mais eminentes nos Estados Unidos são em geral gurus professores. São pomposos, misteriosos e excêntricos. Embora sejam quase sempre eficientes em dizerem a *você* como "tornar-se iluminado", suas vidas pessoais podem não ser tão exemplares como gostaríamos.

Ao contrário, em sua maioria, os gurus praticantes são reclusos, tipos modestos, mais preocupados com a profundidade de sua meditação do que com seus níveis de popularidade. Na verdade, segundo opinião geral, uma das coisas que mais impressionam as pessoas que encontram um guru praticante, como Suzuki Roshi ou Sri Nisargadatta, é a "extrema simplicidade". Mas é claro que "a simplicidade" não é muito adequada ao horário nobre da tevê, de modo que, embora os gurus praticantes às vezes ensinem, com freqüência não são muito conhecidos.

> Nosso segundo tema, e o mais importante, trata da prática. Os músicos se exercitam, os atletas treinam, os médicos praticam. Mas os professores dedicados, trabalhando em tempo integral, raramente têm tempo para praticar o suficiente. Tampouco os gurus professores, e este é o motivo por que suas vidas nem sempre mostram os efeitos benéficos da meditação.

Imagine as pressões e tentações postas sobre um guru, especialmente aquele vindo de um país cuja cultura seja repressora ao sexo, de poucos recursos materiais. Não é de admirar que tantos sejam desviados de suas práticas meditativas! (Nossos gurus, nascidos e criados nos Estados Unidos, muitas vezes são desvirtuados com facilidade, sem tantas justificativas.) E, ao interromper a prática da meditação, até mesmo os gurus estão sujeitos aos desejos e medos humanos comuns, com muito dinheiro e poder para se regalarem! Como vivemos em uma cultura que adora destronar heróis e sábios, com ou sem bons motivos, a próxima parada é a desmoralização em grande estilo nos noticiários!

Deixando de lado as brincadeiras, esta seção não é simplesmente um exercício na arte tradicional de atacar os gurus, embora sempre seja divertido desmascarar aqueles que falham na prática do que apregoam. Mas, como veremos na próxima seção, a prática está de fato no coração da meditação.

A boa forma metafísica

Freqüentemente é uma tentação pensar em termos de "coisas" específicas, concretas, e não em termos de "processos" dinâmicos. E seria bastante conveniente se a "iluminação" fosse algo que pudéssemos obter ou alcançar e conservar para sempre, como uma máquina ou um diploma de advogado. Mas não é. Trata-se de um processo dinâmico e requer prática dinâmica. Assemelha-se a entrar (e manter-se) em boa forma...

Entrar em forma não é muito difícil. Algumas semanas ou meses de levantamento de peso associados a dieta alimentar e parecemos e nos sentimos ótimos! Jogging e dieta também funcionam, ou exercícios aeróbicos. Todavia, uns poucos meses de indolência e indulgência excessiva, e estamos de novo prontos a entrar no concurso de semelhança com o Rei Momo. É claro que mesmo as tentativas débeis e esporádicas de entrar em forma são melhores do que nada, embora os efeitos a longo prazo de tais esforços apáticos possam ser quase imperceptíveis.

Gosto de comparar a meditação, ou mesmo a iluminação, com a idéia de entrar em forma. Assim como para entrar em forma, há uma grande variedade de métodos igualmente efetivos de meditar. Qualquer pessoa também pode fazê-lo, embora às vezes *pareça* mais fácil ou natural para alguns. (Geralmente os outros.)

> Quando uma pessoa adquire uma boa forma física, tudo o que faz reflete esse estado e ajuda a intensificá-lo. Ela caminha com vitalidade e equilíbrio, e sobe escadas em vez de pegar o elevador. Quando uma pessoa começa a meditar, tudo o que lhe acontece torna-se uma grande oportunidade de demonstrar e aprimorar suas habilidades de meditação. Os medos e desejos, aborrecimentos e decepções, tudo se transforma em material para a meditação!

Infelizmente, assim como acontece com os exercícios físicos, se pararmos com a meditação, não mais desfrutaremos os benefícios trazidos por ela. Como foi visto em uma seção anterior, talvez seja isso o que ocorre com tantos dos famosos mestres gurus.

Finalmente, temos de começar a prática em algum ponto. Pessoas idosas ou enfermas não iniciariam seus programas de exercícios tentando correr a Maratona de Boston, e sim com caminhadas diárias pelo quarteirão. Um começo modesto, mas com certeza passos na direção certa!

Um iniciante na meditação ou alguém a quem falte tempo ou compromisso com esta prática certamente não compraria uma passagem só de ida para a Índia. Mesmo vinte minutos duas vezes ao dia em casa podem ser mais do que essa pessoa poderia fazer de início. No entanto, alguns dos seguintes exercícios de Meditação em 3 Minutos podem ser exatamente o que o (meta)fisicultor prescreveria!

Artes marciais da mente

> Cada técnica de Meditação em 3 Minutos é um exercício para a mente. Como aqueles que se destinam ao corpo, esses exercícios devem em primeiro lugar ser praticados sob controle a fim de se obter mais tarde os benefícios que podem propiciar nas situações da "vida real".

O discípulo do caratê pratica no *dojo*, ou estúdio de caratê. Executa, em primeiro lugar, uma variedade de socos e chutes, cada um deles separada e cuidadosamente, repetindo cada movimento dezenas de milhares de vezes. Depois de dominar cada movimento isolado, começa a praticar combinações de golpes mais complexas, cada seqüência centenas ou milhares de vezes. Então, luta com outros discípulos ou instrutores. Por fim, se algum dia precisar de suas habilidades marciais na rua, em uma situação de combate real, a prática o terá preparado completamente.

De modo semelhante, os praticantes da canoagem necessitam aprender uma técnica conhecida como "Giro Esquimó", a qual os habilita a desvirarem seu caiaque após ter sido virado de cabeça para baixo numa queda do rio. De início, aprendem essa técnica em uma piscina. Quando se sentem confortáveis "girando" na piscina, dirigem-se ao rio e propositalmente emborcam o caiaque em uma queda bem pequena, e tentam desvirá-lo. Aos poucos, progridem praticando em quedas maiores e mais perigosas, até que possam, com segurança, desvirar o caiaque em *qualquer trecho* do rio.

Você começará praticando um tipo simples de Meditação em 3 Minutos chamado Exercícios para "Iluminar a Mente". A princípio, executará esses exercícios em ambientes calmos, dedicando pelo menos 3 minutos a cada um. Depois que aprender a conseguir um momento ou dois de iluminação mental de cada vez, acrescentará outro tipo de meditação chamado Exercícios de "Observação da Mente". Novamente, no início, você os praticará sob condições de relativo conforto, de modo que mais tarde esteja apto a praticá-los de maneira habilidosa em circunstâncias estressantes.

Ao se familiarizar com os exercícios de observação da mente, começará a usar o novo conhecimento para aumentar o controle mental em situações da "vida real", primeiro durante eventos fáceis, não-ameaçadores. Em vez de ficar angustiado ou zangado, apenas *observará* seus pensamentos quando a omelete estiver ligeiramente queimada, ou quando o elevador se recusar a parar no andar desejado. Esta prática aprimorará sua qualidade de vida e de meditação!

> À medida que você adquire prática e confiança, torna-se capaz de aplicar suas habilidades de meditação a problemas interpessoais e mentais mais sérios. A capacidade de enfrentar com calma e confiança *o que quer que se apresente* é a verdadeira "Habilidade Mestra"!

Um pouco mais sobre meditação

> Como afirmei anteriormente, a Meditação é a arte de autocontrole mental. Não é algo oculto, esotérico ou fora do comum.
>
> Na verdade, é provável que você pratique algum tipo de meditação, mesmo que não seja esse o termo usado por você. Sempre que mantém a atenção concentrada com intensidade em alguma coisa, de modo que outros pensamentos não interfiram, trata-se de uma forma de Meditação para "Iluminar a Mente". A observação das ondas quebrando-se na praia, ou das labaredas de uma fogueira, pode ser meditação. Para alguns, o vôo livre, a gaita-de-boca para outros; qualquer coisa que concentre toda a sua atenção em uma só coisa, de modo que a tagarelice habitual da mente se aquiete momentaneamente. Nada de pensamentos de desejo ou medo sobre o futuro, ou "poderia, teria, deveria" em relação ao passado.

Para a maior parte dos que não praticam meditação, o tipo de experiência descrito no quadro ocorre apenas espontaneamente, sem planejamento. Quando acontece, acontece. Nós, os meditadores, porém, *fazemos* com que essas meditações ocorram, porque compreendemos o grande valor de iluminar, concentrar e controlar a mente. Assim fazemos por meio de várias técnicas de iluminação da mente consagradas pelo tempo. Algumas parecerão estranhas ou incomuns a princípio, mas você se acostumará a elas.

Outras meditações que você praticará não envolverão atividades que não faz normalmente. Apenas sua atitude se modificará, à medida que tenta, de modo consciente, concentrar a atenção no que estiver fazendo, seja escovando os dentes ou lavando a louça. Em vez de planejar as atividades do dia, ou desejar que o molho não tivesse grudado tanto no fundo da panela, fará da escovação ou da lavagem uma meditação – apenas concentrando-se exclusivamente em tal ação. Nada de planos futuros ou lembranças do passado: só esfregar e enxaguar. Essa focagem consciente da atenção é por vezes chamada "consciência". É o instrumento mais poderoso que possuímos, um *spotlight* mental que pode iluminar qualquer ação ou pensamento!

> *Qualquer atividade* realizada com concentração, percepção ou consciência é meditação, e no fim nos levará na direção da iluminação, não importa o quão mundano possa parecer (iluminação de lavagem de louça? de escovação dos dentes?). Uma vez que aprendamos a meditar, a estar conscientes, todas as ações e pensamentos podem se tornar o foco momentâneo da meditação.

O que é a Meditação em 3 Minutos?

Cada Meditação em 3 Minutos é um exercício específico para nos ajudar a adquirir autocontrole mental. Cada um deles nos auxilia a focalizar a atenção mental, a nos tornar atentos.

O programa da Meditação em 3 Minutos é único. A maioria dos outros métodos de meditação aconselha que se reserve certo período de tempo (ou mais de um) diariamente para a meditação. Alguns exigem que se construa uma espécie de santuário e que a meditação só seja praticada ali. Os programas mais extremos pedem que você viva em um mosteiro, longe das distrações mundanas.

No entanto, o fato de limitar a meditação a horários e lugares específicos pode ter duas conseqüências negativas. Primeiro, pode ser difícil tornar-se um adepto com tais exigências, em especial para o iniciante que ainda não experimentou os resultados positivos da prática diária da meditação, e portanto ainda não se encontra de fato engajado. Segundo, um programa com horários e lugares específicos de certa forma deixa a meditação fora da existência "normal". O método da Meditação em 3 Minutos evita ambos os problemas, embora seja evidente que depois de iniciado você possa explorar e seguir *qualquer* estilo de prática que *o* atraia.

É obviamente mais fácil encontrar tempo para alguns períodos curtos de meditação ao longo do dia do que reservar um ou dois períodos de vinte ou trinta minutos todos os dias. Muitos dos exercícios de Meditação em 3 Minutos podem ser praticados enquanto caminhamos, comemos ou esperamos em um sinal vermelho. Outros, durante uma rápida visita ao banheiro!

Ao se familiarizar com a Meditação em 3 Minutos, você se verá praticando muitas "minimeditações" que serão surpreendentemente eficazes para que você se acalme ou se concentre – embora durem apenas uns poucos segundos! É provável que deseje fazer algumas meditações mais longas, de dez, vinte minutos ou mais. Gosto de praticar pelo menos uma mais longa pela manhã.

Assim como muitos outros, penso que a integração da prática da meditação ao longo do dia nos ajuda a usar essas habilidades na vida diária. A meditação se torna então um modo de vida, um modo de nos relacionarmos com o mundo, e não "algo que se pratica um pouco todos os dias".

Recentemente, fiz um retiro de dez dias na tradição monástica Vipassana. Nenhuma conversa, contato através do olhar, leitura ou escrita.

Cerca de 16 horas diárias alternando-se caminhadas e meditação pela respiração, e meditação durante as refeições era uma prática bastante recomendada. Foi ótimo e me senti leve e exuberante. No entanto, acabou e tive de voltar para casa!

Longos retiros e disciplinas esotéricas podem ser de grande valor – as tradições monásticas existem em quase todas as culturas. Mais cedo ou mais tarde, porém, a menos que seja um monge, você tem de voltar para casa – isto é, tem de aplicar sua experiência no cotidiano. Com a Meditação em 3 Minutos, você já está em casa.

Pergunta: Qual a diferença entre um monge e um adepto da Meditação em 3 Minutos? Resposta: O monge vive para meditar melhor e o praticante da Meditação em 3 Minutos medita para viver melhor...

Como utilizar estes exercícios

> O essencial é: apenas experimente-os! Decorar cada palavra metafísica neste ou em qualquer outro livro vale menos do que dedicar 3 Minutos diligentes ao mais simples dos exercícios a seguir.

Embora muitos principiantes possam querer começar com os exercícios para "Iluminar a Mente" mais fáceis (os cinco primeiros), lembre-se de que os grupos de meditação se sobrepõem de forma acentuada. Por exemplo, a iluminação da mente o ajudará a "Observar a Mente" e a "Viver o Agora". A observação da mente é parte essencial dos exercícios de "Julgamento e Compaixão". "Expandindo os Limites" é de fato uma parte de todos os exercícios, e assim por diante. Desse modo, como os exercícios se encontram interligados, ao praticar um, você estará, na verdade, praticando muitos. E, por conseguinte, experimentar *todos* pode auxiliá-lo com os que você escolher. Para algumas pessoas, porém, experimentar *todos* talvez pareça assoberbante de início.

> Apresentarei agora duas estratégias que você pode seguir para decidir quais exercícios usar. Descreverei cada uma dessas duas estratégias e você poderá determinar qual se adapta melhor a você, e então começar a usá-la.

Independente da estratégia escolhida, certifique-se de ler e praticar o exercício chamado "Habilidade Mestra", na página 116. Ele o ajudará com todos os outros.

A abordagem "engatinhe antes de andar"

> Você pode começar escolhendo um dos exercícios de meditação mais simples – a "Contagem da Respiração" ou a "Respiração da Caminhada". Estes são fáceis por serem bastante convencionais, quase mecânicos. Se você seguir as instruções, não há como errar. Eles são o "feijão-com-arroz" da meditação, e gosto de praticar ambos pelo menos algumas vezes por dia. **Pratique pelo tempo que desejar. Se você fizesse apenas estes dois exercícios diariamente, já obteria uma grande calma e energia de sua prática.**

Você não tem de fazer coisas complicadas para obter bons resultados – é o que diz a seguinte história:

Há muito tempo um bispo católico foi visitar três velhos monges que viviam em uma ilha, pois soube que acreditavam em Jesus e ele desejava ensiná-los a rezar de forma adequada. Ao chegar, descobriu que sua única oração ou meditação (de acordo com o conceito cristão da Trindade) consistia na simples e contínua repetição de: "O senhor é três, e nós somos três."

O bispo passou dias ensinando os anciãos a rezarem adequadamente. Orações e invocações latinas longas e complexas. Então, partiu com seu séquito, satisfeito com o trabalho bem-feito.

Contudo, quando o barco se encontrava a apenas algumas milhas da ilha, o vigia avistou uma misteriosa mancha seguindo-os. Logo descobriu-se que se tratava dos três monges, correndo sobre a superfície da água para alcançar o navio.

– Sua Santidade! – arquejaram quando se encontravam ao alcance da voz. – Esquecemos as nossas orações!

O bispo compungiu-se e ordenou que voltassem à sua prática anterior, simples e eficaz...

A abordagem da "caça"

> Se preferir, pode dedicar apenas alguns minutos à prática da "Contagem da Respiração" e da "Respiração da Caminhada", talvez então experimentar a "Cantilena", a "Caminhada Vagarosa" e a "Chama", e então ler os outros exercícios, testando todos que o atraiam em particular. Encontre um que o agrade, e pratique-o várias vezes durante o dia, ou alterne-o com outros que o interessem.

O psicólogo e filósofo Ram Dass (Dr. Richard Alpert) declarou recentemente (na excelente coleção em vídeo "Como Viveremos Então"), que usa de cinqüenta a cem diferentes métodos de meditação por dia. Ele é um verdadeiro adepto da Meditação em 3 Minutos, ainda que não use este termo!

Meditação progressiva: o que é fácil e o que é difícil

Você é de fato a única pessoa que pode dizer o que lhe é fácil ou difícil. Em geral, tentei organizar os exercícios na ordem de dificuldade que os meditadores e mestres que conheço tendem a aceitar. Contudo, embora houvesse certa aceitação de que os cinco primeiros exercícios eram os mais simples, houve um considerável desacordo sobre a ordem dos outros. Dessa forma, você só tem de experimentar todos e descobrir por si mesmo!

Há certa progressão nos exercícios. Começamos dirigindo o *spotlight* de nossa atenção à *contagem* de processos naturais, como respirar ou caminhar. A seguir, passamos o foco da atenção para as *sensações físicas* de caminhar, respirar etc. Começamos então a prestar atenção aos nossos *pensamentos* à medida que cruzam nossa mente, nomeando-os, contando-os, julgando-os. Por fim, concentramos a atenção diretamente em *emoções* ou *idéias* tais como "Compaixão", "Liberdade", "Temporaneidade" ou o ilusório "Eu Sou/Estou".

O que fazer quando dói

> Às vezes, ao olharmos bem dentro de nós, mágoas antigas ou ocultas podem surgir. Pode não acontecer com você, mas, caso aconteça, leia esta seção atentamente.
>
> Se você já se encontra sob os cuidados de um médico ou psicoterapeuta, deve com certeza discutir este livro com esse profissional, antes de usá-lo. Aliás, a psicoterapia e a meditação formam uma combinação especialmente eficaz! À medida que você for dando prosseguimento à prática da meditação, o material antes inconsciente virá à tona e poderá ser trabalhado.
>
> Caso você se encontre em grande aflição mental neste momento, talvez deva ler com atenção todo o livro antes de experimentar algum exercício, e então começar pelos exercícios de "Compaixão". Estes são provavelmente os mais eficazes para lidar com sofrimentos de qualquer natureza.

Há dois tipos distintos de sofrimento mental. Existe aquele que ocorre quando não estamos meditando ou antes que aprendamos a fazê-lo, quando nossos pensamentos, medos e desejos nos causam sofrimento. Esse é o tipo que muitos de nós experimentam em bases *permanentes*. Como muitas pessoas que não meditam têm pouco controle sobre seus pensamentos, é difícil lidar com esse tipo de sofrimento. Talvez ele diminua se alterarmos várias circunstâncias em nossa vida. Mas provavelmente isso não acontecerá. Em vez disso, a dor irá apenas se adaptar às novas circunstâncias!

O tipo de sofrimento que pode surgir durante a meditação é diferente, embora possa, na superfície, parecer o mesmo. No entanto, tem o propósito de *acabar* com mais sofrimentos. Assim, se sentimentos dolorosos aparecerem enquanto você medita, tente lembrar-se de que essas aflições são *temporárias* e que nos ajudarão a acabar com o desespero *constante*, assim como a dor da extração pretende acabar com a dor do dente infeccionado.

Se nos lembrarmos de usar os exercícios de observação da mente para *observar* nossa dor, em vez de nos perdermos no conteúdo dos pensamentos dolorosos, poderemos *utilizar* esse sofrimento temporário para reduzir o sofrimento constante. Sei, por experiência própria, que é difícil acreditar neste conceito, especialmente quando se está sofrendo. O exercício da Compaixão pode ser bastante útil para o alívio do sofrimento. É o que tento fazer, quando sofro, se estiver "controlado" o suficiente para lembrar de fazê-lo.

Quando aprendemos sobre nós mesmos, às vezes vemos características de nossa personalidade que preferiríamos negar. Se isso acontece com você, como tantas vezes ocorre comigo, leia a seção sobre Compaixão no final da Parte Um (página 51), e então passe ao exercício da página 96.

Os exercícios

Instruções gerais

Na verdade, existem apenas três observações importantes quanto à execução dos exercícios.

Primeiro, lembre-se de que está meditando e que sua atenção deve estar voltada para o objeto de meditação, seja a respiração, os passos, os pés, um som ou uma vela. Toda vez que um pensamento intruso se manifestar, *tão logo você perceba* que já não está concentrado na meditação, traga a atenção de volta.

Segundo, seja *compassivo*. O tempo gasto censurando a si mesmo por não se concentrar na meditação (por ter momentaneamente pensado no almoço, trabalho ou sexo) é apenas mais tempo gasto sem se concentrar na meditação. Não é preciso ser crítico – simplesmente volte à meditação.

Terceiro (e isso deve ajudá-lo no aspecto anterior), esteja ciente de que os pensamentos que o distraem estão de fato *ajudando-o*. Eles lhe dão a oportunidade de perceber que você não está mais concentrado na meditação, e assim você pode concentrar-se novamente.

> Imagine um cachorrinho sendo treinado a fazer suas necessidades fisiológicas sobre um jornal. Você o coloca sobre o papel. Ele sai. Você, gentil e pacientemente, o traz de volta. De novo, ele sai. *É o ato de ser trazido de volta ao jornal* que o condiciona. Você não o chuta nem desiste, decepcionado, quando ele sai. Da mesma forma, é o ato de perceber que a mente está divagando e voltar a atenção à meditação que nos ajuda a aprender a nos concentrar...

Um exemplo

Quando comecei a meditar, eu era "atormentado" por pensamentos desviantes. Tentava me concentrar na respiração, mas uma sessão típica de meditação era mais ou menos assim: "Inspira, expira... uau!, estou meditando... uh-oh, não deveria estar pensando sobre o ato de meditar, deveria estar concentrado em minha respiração... inspira, expira... que fome!... uh-oh... droga!, não consigo, não sou bom nisso... inspira, expira, inspira, expira, inspira, expira... ei, consegui!... sentimentos de orgulho... uh-oh, melhor voltar à respiração... inspira, expira, inspira, expira... o que será o almoço?... droga!... inspira, expira, inspira, expira... será que já é hora de parar?... etc." Às vezes, eu me perdia em divagações que duravam vários minutos de uma só vez, tempo muito maior do que eu era capaz de concentrar-me em minha respiração!

Agora que sou mais experiente, ainda tenho várias sessões desse tipo! Muitas vezes, porém, posso *perceber rapidamente* que um pensamento se imiscuiu e *de imediato voltar à minha atividade preferida* neste momento: a meditação. Assim, uma sessão atual é da seguinte maneira: "Inspira, expira, inspira. expira, inspira, expira... ah, um pensamento sobre o almoço... inspira, expira, inspira, expira... Muito bem!... ah, eis um pensamento de orgulho... inspira, expira, inspira, expira..." É claro que, às vezes, ainda passo mais tempo distraído do que concentrado! No entanto, percebo as distrações de modo mais rápido e volto à meditação!

Sobre a perseverança

É importante que se persevere na atenção ao ato de meditar. Isso significa que, *tão logo note* que sua atenção se afastou da meditação, você a traz de volta, gentil mas firmemente. O que equivale a não gastar um só segundo a mais na divagação, não importa quão excitante esta seja (esqueça o velho truque: "Mas espere: este é um pensamento de fato importante. É melhor segurá-lo e meditar mais tarde."). Não perca um só segundo em pensamentos autocríticos como: "Droga, cá estou eu divagando de novo!" Apenas *deixe de lado* quaisquer pensamentos que cruzem sua mente e volte à meditação. Só por esses 3 Minutos, a meditação é seu pensamento *favorito* – os outros podem esperar.

É um pouco parecido com o fato de se habituar ao uso do cinto de segurança. Assim que perceber que este não se encontra afivelado, você o prende, sempre, mesmo que esteja a apenas três quarteirões de seu destino. Logo, isso se torna um hábito (e saudável, ainda por cima).

Sobre a posição do corpo e das mãos

Felizmente para você, eu não exijo a posição do lótus para a meditação (eu mesmo não posso fazê-la, sem encher os bolsos do meu quiroprático)! Penso que é melhor começar a prática da meditação sentado (à exceção dos exercícios de caminhada) em uma cadeira confortável, de encosto reto (não estofada em excesso). Não se sente como um robô, mas também não assuma uma postura relaxada demais; sente-se com os pés apoiados no chão. No entanto, você poderá às vezes meditar deitado, ou no ônibus, no banheiro, ou enquanto espera em uma fila. Não se preocupe muito com a posição do corpo. Sente-se ereto quando for possível, e veja se isso produz alguma diferença em sua concentração.

Para muitas pessoas, porém, é útil manter uma posição das mãos *constante*, na maior parte do tempo de meditação. Gosto de manter as pontas do polegar e do indicador de ambas as mãos tocando-se levemente, enquanto os outros dedos permanecem dobrados ou esticados.

A manutenção de uma posição específica das mãos pode agir como um "lembrete" ou "gatilho" para a meditação. Quando se acostumar a meditar, e começar a associar a posição das mãos com a meditação, o simples fato de assumir essa posição o ajudará a entrar em um estado de espírito propício à meditação.

Essa atitude pode ser particularmente útil em situações estressantes, como uma entrevista para um emprego, em que você não pode dispor de tempo para sair e meditar (a menos que simule que vai ao banheiro – uma tática eficaz às vezes). Contudo, o simples ato de tocar o polegar com o indicador, enquanto respira profunda e conscientemente, pode lembrá-lo da paz encontrada na meditação, e lhe dar energia para prosseguir a entrevista com confiança.

O que fazer com sentimentos de dúvida e resistência

Do modo como a mente é, em algum ponto a sua lhe dirá: "Isso não vai funcionar!" ou "Por que se dar o trabalho de tentar?" Se você aprender a usar os exercícios de observação da mente descritos mais adiante, será capaz de utilizar esses pensamentos como objetos de concentração de sua atenção. Assim como excrementos malcheirosos podem se transformar em fertilizantes, você pode usar até mesmo pensamentos de dúvida e resistência para afiar suas habilidades de meditação, simplesmente observando-os. Então eles se tornam seus mestres, em vez de seus torturadores.

Meditação competitiva

É fácil tornar-se competitivo, ou voltar-se para um objetivo, dentro da meditação (ou de qualquer outra atividade, nessa nossa cultura estressante). O falecido guru tibetano Trungpa Rimpoche costumava chamar a isso "Materialismo Espiritual"!

> Tente ver a meditação como uma dança, e não uma corrida. Nesta última, o objetivo é alcançar o fim mais rápido do que os outros, ou mais rápido do que você já conseguiu anteriormente. Na dança, o objetivo é apreciar o que você faz enquanto o faz. Tente não se preocupar com o fato de sua meditação estar "melhorando" ou de você estar praticando da "forma correta". Apenas pratique! Mesmo em uma corrida, a excessiva preocupação com o desempenho (olhar por sobre o ombro muitas vezes) na verdade o *reduzirá*!

Os mais simples exercícios de meditação para "Iluminar a mente"

> A maior parte dos exercícios que se seguem opera com base no que chamo de princípio de "distração/subtração". Ao se dar à mente uma série de instruções muito simples porém absorvente, o monólogo mental "normal" de medos, desejos, lembranças e previsões pode ser interrompido. A mente se torna ocupada em demasia para manter sua tagarelice usual.

Após subtrair esses pensamentos indesejáveis da mente, você será capaz de gradualmente observar de forma direta os processos de pensamento mental, com os exercícios de observação da mente. Mas, por enquanto, a simples remoção desses pensamentos "excedentes" será seu objetivo.

Quando perguntaram a um mestre escultor como ele podia entalhar um elefante em um imenso bloco de pedra, ele replicou: "Simplesmente elimino tudo que não se pareça com um elefante..." A eliminação dos pensamentos excedentes de sua mente lhe trará uma sensação de paz e iluminação, e por fim permitirá que compreenda o que de fato acontece nela!

> Caso não seja indicado de outra forma, pratique cada exercício de meditação, a princípio, por 3 Minutos, ou por mais tempo se preferir. Uma vez aprendido o exercício, faça-o pelo tempo que desejar, de três segundos a três horas!

O primeiro exercício de Meditação em 3 Minutos envolve nossa necessidade mais básica. Podemos viver dias sem água, semanas sem comida e talvez até mesmo anos sem sexo ou trabalho. Mas um escasso minuto sem respirar é um tempo muito longo, para a maioria de nós. No entanto, com que freqüência voltamos nossa atenção com exclusividade para essa que é a mais crucial das funções? Felizmente, para uma pessoa com boa saúde, não é necessário pensar muito para respirar – e em geral não pensamos muito a respeito até hoje.

A contagem da respiração

Comece a praticar este exercício sentado confortavelmente em um lugar tranqüilo, com as mãos na posição do polegar e indicador unidos, como descrito na página 70. Se você já experimentou este exercício na página 30, bem, tente de novo. Como diz o antigo ditado: "Não fique aí parado – medite!"

De cada respiração apenas conte mentalmente a expiração: "Inspire... 1, inspire... 2, inspire... 3, inspire... 4", e recomece: "Inspire... 1, etc." Esforce-se para perder a conta, e também tente não alterar ou regularizar a respiração. Tente perceber a sensação física da inspiração e expiração à passagem do ar em seu nariz e boca.

Caso você se pegue pensando em outras coisas que não sejam a sensação de respirar e o número de expiração, volte a concentrar-se na sensação e no número. Se não estiver totalmente seguro do número em que está, volte ao começo: "Inspire... 1" Não faça julgamentos, não estimule pensamentos do tipo "Perdi a conta", apenas volte a "Inspire... 1."

Agora, considere a sensação e a contagem como seus pensamentos "preferidos". Considerações sobre o almoço, lembranças ou outros pensamentos intrusos serão suavemente substituídos por "Inspire... 1, inspire... 2", e assim por diante, *tão logo você os perceba* insinuando-se. E com certeza o farão! É claro que é difícil manter-se concentrado! Com a prática, porém, torna-se cada vez mais fácil.

A vantagem deste método é que se pode praticá-lo em *qualquer lugar!* Tente enquanto espera em uma fila ou na lavanderia (ninguém sequer perceberá que você está fazendo algo incomum)!

Experimente, se quiser, estendendo a contagem até oito ou dez. Você acha mais fácil ou mais difícil do que a contagem de quatro? Quer ser um supra-sumo da meditação? De vez em quando, veja quantas expirações consecutivas você consegue contar sem se perder, ou a sua contagem, em um pensamento. Meu recorde é de 442, alcançado em uma tarde de competição durante um retiro de dez dias.

O *orgulho* foi minha ruína: "Inspira... 439, inspira... 440, inspira... 441, inspira... 442, uau, estou me saindo muito bem! Aposto que consegui ir mais longe do que todos aqui, eu, David! Uh-oh, qual foi o último número?... + %X[a]!!!... Inspira... 1, inspira... 2, inspira..."

A respiração da caminhada

Caminhe um pouco mais devagar do que de costume, concentrando sua atenção na inspiração e expiração. Comece cada uma delas com um rótulo mental de "In" e "Ex". Mantenha as mãos na posição do polegar e indicador unidos, a menos que esta não lhe pareça natural.

Sem tentar controlar a respiração, veja se consegue começar cada inspiração ou expiração ao mesmo tempo em que um dos pés alcança o chão. Atente para o número de passos que você dá durante cada inspiração e expiração.

A seguir, conte cada passo à medida que caminha e respira, de modo que em sua mente você diga: "In 2, 3, 4... Ex 2, 3, 4... In 2, 3, 4... Ex 2, 3, 4..." ou "In 2, 3... Ex 2, 3...". Continue a substituir o número "1" por "In" e "Ex" para ajudá-lo a concentrar-se na respiração assim como no caminhar.

Seu ritmo de respiração pode ser diferente dos aqui descritos. Suas expirações podem ser mais longas do que as inspirações: "In 2, 3... Ex 2, 3, 4." Ou vice-versa: "In 2, 3, 4, 5... Ex 2, 3." A contagem dos passos pode variar de uma respiração para outra – preste atenção para que possa contar com precisão seus passos durante cada inspiração e expiração. Apenas respire, caminhe e conte. Como em todos os outros exercícios, se sua atenção se dispersar, traga-a de volta à concentração, delicadamente, tão logo perceba a distração.

O uso do método da respiração da caminhada na vida real

Sempre faço uso deste método nas convenções nacionais de editoração e música, que costumam ser confusas e estressantes para mim. Em vez de correr de um lado para o outro e de me preocupar no intervalo entre os compromissos, eu caminho e respiro, caminho e respiro – de modo que cada passo acalma e concentra minha mente. Assim, quando chego à próxima reunião, estou mais relaxado e pronto para lidar com o que quer que apareça. Tente você também, quer em uma tranqüila caminhada no campo ou entre tarefas no trabalho!

Exercícios para "Iluminar a mente" mais complexos

Nos exercícios seguintes, você concentrará sua atenção em uma sensação física, em vez de apenas rotular uma ação física com um número, como fizemos anteriormente. Como este tipo de concentração é pouco menos objetivo, sua mente estará propensa a divagar mais. Assim, você deve ser perseverante ao perceber que está divagando e delicadamente concentrar a atenção de volta ao som, ao pé ou à chama.

Esses exercícios são de certa forma difíceis de fazer durante uma reunião entediante, ou em uma convenção, pois requerem um pouco mais de ação do que os exercícios mais simples para iluminar a mente. Com engenhosidade, porém, você encontrará momentos de privacidade para praticar a cantilena ou a caminhada vagarosa, e os restaurantes à luz de velas são lugares propícios à meditação da chama (enquanto o seu acompanhante está no banheiro)!

Sobre a cantilena simples ou meditação do "mantra"

Este exercício de cantilena simples ou "mantra" (uso de um som repetido como uma cantilena) é provavelmente a meditação mais usada no mundo. Sua natureza é um pouco semelhante à Meditação transcendental do Iogue Maharishi Mahesh, ou sistema "MT", que os Beatles ajudaram a trazer para o mundo ocidental no final dos anos 1960 (a diferença é que não lhe custa 385 dólares nem requer que você traga uma flor branca para o instrutor de MT). O Dr. Herbert Benson mais tarde popularizou esse estilo de meditação em seu livro "científico" sobre meditação, citado anteriormente, *The Relaxation Response* (A Resposta do Relaxamento). Como já mencionei, a MT foi minha primeira experiência sistemática em meditação e, embora eu já não a pratique, terei sempre um débito de gratidão com os Beatles e Maharishi, por popularizarem e divulgarem no Ocidente essa antiga técnica.

A cantilena simples

Sente-se em uma posição confortável, com as costas eretas, em um local tranqüilo. Una os polegares e indicadores. Agora, concentre a atenção em uma palavra de uma ou duas sílabas, de som agradável. Os iogues parecem preferir OM ou OUM. O Dr. Benson gosta de UAN. Aos de formação cristã, AMÉM talvez seja apropriada. Os adeptos da MT também usam mantras de duas sílabas (muitos dos quais soam com AMÉM). Escolha um desses para usar neste momento.

Comece sussurrando para si mesmo, bem devagar, a palavra escolhida (digamos que você tenha optado por OM). Pare de sussurrar "OM" e apenas pense em "OM" durante a inspiração e a expiração. Talvez você visualize a palavra OM, como se estivesse escrita em sua mente. Talvez imagine ouvi-la ou dizê-la. Mantenha a atenção concentrada em OM, em qualquer forma que apareça.

Com certeza sua mente divagará. Você se pegará pensando no amanhã ou em sua concentração. Talvez tenha um pensamento de dúvida ("Eu não consigo") ou uma divagação agradável.

Quando sua atenção se afastar de OM, traga-a de volta, gentil mas firmemente. Deixe de lado as divagações, ou pensamentos de dúvida ou desejos por ora. Você pode pensar em todas essas coisas mais tarde. Agora, você está pensando apenas em OMMMM...

Isso é tudo sobre este exercício. Quanto mais praticá-lo, mais tempo ficará concentrado em OM. A princípio, uns poucos segundos, depois dez ou quinze, ou meio minuto. Para muitos praticantes da meditação, os mantras parecem ser um foco de atenção particularmente eficaz. Esse é o motivo de serem tão populares!

Se você aprecia a prática da Cantilena Simples, talvez deseje eventualmente experimentar um mantra mais complexo e difícil. Qualquer prece cristã breve que você tenha memorizado servirá, como a "Prece do Coração": "Senhor Jesus Cristo, tende piedade de mim." Se você vem de uma tradição hebraica, tente a oração mais importante da fé judaica, a "Shma": "Ouve, Ó Israel, o Senhor nosso Deus, o Senhor é Único." (Pronuncia-se em hebraico: "Shma' Yis-roy-el' Ah-doh-noy' Eh-lo-hay'-nu, Ah-doh-noy' Eh-chord'.")

As últimas palavras de Buda a seus discípulos foram para que repetissem a cantilena "Nam Myoho Rengue Kyo" (Pronuncia-se "Nahm Me-yo'-ho Reng'-yay Ke-yo'.) Uma tradução bastante simplificada seria: "Dedico-me à lei da Consciência Universal." Essa forma de meditação é conhecida como budismo e tem proponentes e grupos em todo o mundo

Consulte o padre ou rabino local para obter mais cantilenas cristãs ou judaicas, o que acrescentará maior profundidade à prática de sua religião. Você pode também consultar o livro de Jim Cowan sobre o budismo Nitiren (ver Bibliografia) ou mesmo criar uma cantilena significativa.

A caminhada vagarosa

Provavelmente você preferirá começar a prática deste exercício em um local privativo, pois ele parece um tanto engraçado. Escolha um lugar em que possa caminhar de 2,5 a 3m em linha reta.

Agora caminhe *bem* devagar, tão devagar que tenha tempo suficiente para classificar mentalmente *cada etapa* de cada passo.

Diga "levantando" ao tirar o pé do chão; "movimentando" ao levar o pé adiante; "pisando" ao recolocar o pé no chão; "trocando" ao passar o peso para o outro pé; "levantando" ao tirar o outro pé do chão; e assim por diante. Levantando, movimentando, pisando, trocando... levantando, movimentando, pisando, trocando...

De início, gaste pelo menos 8 ou 10 segundos para completar cada passo (com suas quatro etapas). Eis a vida de fato em câmera lenta! Sempre que sua atenção se desviar, concentre-se de novo no processo de caminhar.

À medida que você se acostuma a concentrar-se em seu pé, pode tentar caminhar mais rápido, nomeando apenas as etapas "levantando" e "pisando". Se preferir, pode dizer "subir" e "descer". Ou tente ir mais devagar, gastando de 30 a 40 segundos em cada passo (algumas pessoas chamam a isso a "Caminhada do Zumbi").

Há outros pensamentos se insinuando? Volte de imediato a se concentrar no pé em movimento!

A chama

Em um ambiente escuro, a 25 ou 40cm de distância, mire intensamente a chama de uma vela por 1 ou 2 minutos. Quando sua atenção se dispersar, concentre-se no centro do fogo diminuto. Tente não pensar na vela, no exercício, no porquê de o fogo ser como é, ou em política. Mantenha sua atenção na chama.

Apague a vela de súbito e feche os olhos. Em poucos segundos começará a ver a imagem da chama de novo, aparentemente projetada na parte interna das pálpebras. Observe essa imagem pelo tempo que puder. Talvez ela mude de cor, forma ou pareça movimentar-se. Talvez desapareça e retorne em forma e cores um pouco diferentes. Mas você a reconhecerá, caso se concentre. Com a prática, você será capaz de ver a imagem no mínimo pelo mesmo tempo que observou a chama verdadeira.

Na minha opinião, a combinação da concentração na chama verdadeira e na pós-imagem é excitante e desafiadora. Artistas e outras pessoas com tendências visuais podem conseguir uma concentração excepcional com este exercício.

Para amigos e casais: a respiração "Ahhh"

Para uma experiência bastante íntima com um amigo próximo, parente ou companheiro, tente este exercício. Aprendi-o com Stephen Levine, que o aprendeu com Richard Boerstler, da Sociedade da Luz Radiante. Não sei com quem Richard o aprendeu, mas é algo maravilhoso!

Decidam qual dos dois será o parceiro ativo. O parceiro passivo senta-se, ou assume uma posição confortável, olhos fechados, e respira normalmente. O ativo senta-se próximo a ele, de modo a ver o subir e descer do tórax do parceiro passivo e ouvir cada inspiração e expiração.

O ativo tenta igualar o máximo possível o ritmo de sua respiração à do outro, inspirando e expirando ao mesmo tempo, com a mesma duração. Isso não é fácil de se fazer e requer concentração intensa! Em cada expiração, o parceiro ativo soltará o ar com um suspiro... "Ahhh".

O passivo deve tentar não "ajudar" o ativo, respirando de forma anormalmente regular ou alta, nem deve tentar atrapalhar o outro segurando a respiração ou respirando de forma muito suave.

Este exercício propicia uma forte sensação de união, compaixão e amor entre os parceiros. É quase como se a respiração estivesse sendo compartilhada entre as duas pessoas – às vezes tem-se a sensação de que os dois corpos estão de certa forma unidos. Para os casais, este exercício funciona como um excelente reforço para a confiança e é especialmente eficaz se for mantido contato com os olhos. Você pode também praticar a respiração "Ahhh" com um animal de estimação (embora você tenha de assumir o papel ativo).

Muitos enfermeiros, terapeutas e alguns médicos usam este exercício com seus pacientes. É possível praticá-lo com o parceiro passivo dormindo ou desacordado, e pode ser bastante tranqüilizante para alguém doente, assim como para quem o medica.

O batimento cardíaco

A cada segundo seu coração bate pelo menos uma vez. Se ele parar por muito tempo, você passa a fazer parte do passado. Desse modo, a contagem ou classificação de cada batida é um instrumento de concentração da atenção surpreendentemente eficiente, mesmo que seja praticado por um minuto ou menos. Caso você seja hipocondríaco ou tenha problemas cardíacos, não faça este exercício até sentir-se *bem* familiarizado com os exercícios de observação da mente que se seguem.

Ponha a mão sobre o coração, ou sinta seu pulso com os dedos. Conte cada batida ou pulsação de quatro em quatro ou dez em dez, como você fez com a respiração. Se perder a conta, comece de novo.

Ou então classifique cada batida ou pulsação, anunciando mentalmente "batida" cada vez que sentir uma. Este processo se assemelha ao que você realizou no exercício da caminhada em quatro etapas.

Para mim, o lado excitante (e assustador) deste exercício é o fato de que meu coração falha uma batida a cada minuto ou dois. Nunca tenho certeza absoluta de que a próxima batida ocorrerá ou não. Assim, tenho de prestar *muita* atenção.

Os médicos afirmam que, a menos que a média das falhas no batimento seja de quatro ou cinco por minuto, estas não são necessariamente indícios de problemas cardíacos. Ainda assim, é um pouco assustador, quando acontece. Se um pensamento de medo surgir após a falha de uma batida, apenas conscientize-se dele, de que parou de contar ou classificar, e volte à concentração no batimento. Você sempre pode se preocupar mais tarde, após encerrar seu período de meditação. Ou, talvez, se a meditação for suficiente, você não mais *quererá* preocupar-se tanto!

Exercícios de caminhada e respiração mais complexos

Os dois próximos exercícios para iluminar a mente dizem respeito à concentração da atenção diretamente na sensação física, sem contagens ou classificações. São os esteios da tradição "Vipassana" de meditação. Caso lhe pareçam de difícil concentração, alterne-os com exercícios que você considere mais fáceis, como os anteriores.

A caminhada sem classificação

Ande vagarosamente e concentre a atenção em seus pés. O que você sente ao caminhar? Quais os músculos usados nas panturrilhas, tornozelos e artelhos? Qual a consistência do chão – é duro, áspero, esponjoso? Caminhe descalço e sinta cada impureza, protuberância ou rachadura no solo.

Talvez você considere mais fácil começar este exercício com a Respiração da Caminhada ou a Caminhada Vagarosa (exercícios de classificação). Após praticar um deles por um minuto, pare de contar a respiração ou de classificar as etapas do passo, e concentre-se em seus pés e no solo. Como de hábito, quando os pensamentos se impuserem, volte a atenção naturalmente para os pés.

A respiração sem classificação

Respire normalmente e concentre sua atenção na sensação de respirar. Em qual parte de seu corpo percebe cada inalação de forma mais intensa? Algumas pessoas percebem melhor a respiração nas narinas, no exato ponto em que o ar entra e sai. Outras acham mais fácil se concentrar no subir e descer do estômago ou peito. Aquelas que respiram pela boca devem sentir a respiração de modo mais intenso no fundo da garganta. Escolha uma dessas áreas e concentre-se nela.

Não tente controlar sua respiração, tornando-a lenta, regular ou de outro modo propício à meditação. Simplesmente deixe que cada ato de inspirar e expirar seja natural.

Observe *cada* inspiração e expiração como se fosse uma criatura estranha e única passando à sua frente. É longa ou curta? Suave e contínua ou abrupta? Fria ou quente? Passa direto da inspiração à expiração ou há um ponto em que a respiração se mantém suspensa? Houve tosse, eructação ou soluço como parte do processo? Ou até mesmo um espirro (meu efeito especial favorito da respiração; ver página 46). Um suspiro ou ofego? Como de costume, se a atenção se desviar, dirija-a firme mas suavemente para a respiração.

Sugestão útil: Wavy Gravy (palhaço, moleque e remanescente dos anos 1960) trabalha junto a crianças com doenças terminais em San Francisco. Sua prática da meditação o ajuda a manter-se tranquilo e amável, no hospital ou no circo. Ele gosta de colocar um pouquinho de linimento "Bálsamo de Tigre" (ou Vick Vaporub, para os mais convencionais) dentro da bola vermelha, que é o seu nariz de palhaço, como um auxílio para se concentrar na sensação do ar passando pelas narinas. Experimente!

Exercícios de visão e audição

Nosso último (e talvez mais difícil) tipo de exercício para iluminar a mente é a observação de nuvens, chamas ou a espuma das ondas na praia. Não tente dar uma interpretação ao que você vê. Não tente encontrar padrões. Não julgue o que vê. Apenas observe. Tão logo perceba um pensamento insinuando-se, volte à observação.

É mais fácil começar os Exercícios de Visão com objetos naturais, tais como os citados no parágrafo anterior, pois são um pouco menos favoráveis a inspirarem pensamentos do que objetos visuais como rostos e corpos. Com a prática, porém, você se tornará capaz de olhar para qualquer coisa e "apenas ver". Carros ou pessoas passando, uma parede vazia, ou suas próprias mãos podem servir como objetos visuais para o foco da atenção.

Você pode praticar a *audição* da mesma forma. Nada de pensamentos, julgamentos ou tentativas de interpretação. Apenas ouça. Se os pensamentos aparecerem, tome consciência deles e volte a atenção para a música. A música instrumental é em geral o tipo mais fácil para se começar, pois as músicas com letras têm a tendência a inspirar pensamentos quando as ouvimos.

É claro que, quando você *de fato* se familiarizar com esta prática, todos os lugares a que for e todas as coisas que fizer poderão servir de base à meditação para iluminar a mente. Podemos chamar este estado bastante avançado de "Vivendo o Agora", o qual será examinado detalhadamente mais adiante.

Exercícios de observação da mente

Escrevi tanto sobre a observação da mente na Parte Um deste livro que agora não tenho muito o que falar sobre o assunto. Se você já começou a praticar os exercícios de *iluminação* da mente, é provável que já esteja pronto a tentar alguns de *observação* da mente. Talvez seja útil ler uma seção anterior sobre este tema, nas páginas 43 a 47, antes de experimentar os exercícios seguintes. Recomendo também o livro *A Gradual Awakening* (Um Despertar Gradual), de Stephen Levine, que tem muito a dizer a respeito da sutil arte de observação da mente.

Nestes exercícios, os *pensamentos presentes na mente* serão o centro da atenção. Em outras palavras, usaremos os pensamentos como objetos para a meditação, do mesmo modo que usamos a respiração e o caminhar. Começaremos, como nos outros exercícios, a contar e classificar os pensamentos. Por fim, estaremos aptos a nos concentrar nas sensações diretas que eles produzem, sem contá-las ou classificá-las.

A contagem dos pensamentos

Este exercício o ajudará a tirar a atenção do *conteúdo* dos pensamentos, como mencionamos na página 44.

Sente-se confortavelmente, com algum tipo de *timer* ou despertador à mão. Se não dispuser de algum, certifique-se de ter um relógio à vista. Prepare o *timer* ou despertador para um minuto, ou guie-se pelo relógio.

Feche os olhos e comece a contar seus pensamentos. Tão logo surja um, conte-o, mas não se deixe "envolver" por seu conteúdo. Se o fizer, vai acabar com um total de um em todo o minuto!

Imagine uma competição entre ornitólogos. Estes saem, armados com seus binóculos, para tentar identificar o maior número possível de espécies de pássaros em um dia. Não estudam cada pássaro por horas, nem mesmo minutos. Tão logo avistam um – pronto! –, passam à procura de outro. E, nesses sessenta segundos, você é um observador de pensamentos!

Você já adquiriu alguma habilidade em voltar o foco de sua atenção para a meditação (por meio da prática dos exercícios para iluminar a mente). Desse modo, é provável que você esteja pronto para liberar os pensamentos após contá-los, a menos que seja um daqueles persistentes, dos quais trataremos adiante. Volte então a atenção para a busca de outro pensamento a ser contabilizado. Se aparentemente nenhum pensamento surgir, diga para si mesmo "sem pensamentos" (o que é um pensamento válido e deve ser contado) ou apenas relaxe e usufrua um momento espontâneo de iluminação da mente!

Prossiga a contagem. Inclua os pensamentos do tipo "Puxa! Ainda não tive muitos pensamentos" ou "Uh-oh, este era o número sete ou oito?" Alguns perpassarão sua mente como pássaros exóticos e velozes, talvez como quadros mentais instantâneos ou mesmo palavras isoladas. Outros se arrastarão como pingüins entrando em sua mente e partirão também vagarosamente.

Se surgir um pensamento cujo conteúdo seja tão persistente que você não consiga deixá-lo ir, tente lembrar-se dele. Esta informação será valiosa, embora aparentemente esteja impedindo que você pratique o exercício agora. Escreva-o e tente o exercício mais tarde outra vez. Para a maioria das pessoas, os pensamentos mais difíceis de descartar são os de medo e desejo. No entanto, lembre-se: não é o *pensamento* desse tipo o problema – é a incapacidade de controlar a *reação* a ele que pode criar um problema.

Este exercício não é fácil, mas não há como não conseguir fazê-lo. Seu único propósito é fazer com que aprendamos a olhar, neste momento, os pensamentos como objetos – pássaros, pedras ou outras pessoas. Nada no nível pessoal – apenas pensamentos...

Sobre a classificação dos pensamentos

No último exercício, *não* prestamos atenção ao conteúdo dos pensamentos que contávamos. Agora, prestaremos só um pouco de atenção ao conteúdo, de modo que possamos *classificar* os pensamentos.

Faça agora uma breve lista mental ou por escrito dos *tipos* ou categorias de pensamentos que são normalmente apresentados no cinema da sua mente. Eu tenho certeza de oito favoritos, os quais listarei a seguir, em ordem geral de popularidade. Sua lista é tão magnânima e espiritual como a minha?

Pensamentos de planejamento são aqueles em que tento decidir o que fazer, especificamente ("Escreverei para o John e depois almoçarei") ou em geral ("Talvez devesse estudar Direito"). Os pensamentos de desejo abrangem tudo, do sexo à paz mundial. Os de medo incluem todos os tipos de preocupações: hipocondria, dinheiro, trabalho e outras. Pensamentos de felicidade ou apreciação são com freqüência a percepção de sensações agradáveis, como o sol em meu rosto, ou o cheiro da comida no forno. Os de julgamento são aqueles em que aprovo ou, o mais provável, critico algo ou alguém. Pensamentos de razão são aqueles em que estou certo e outra pessoa, errada. Os de raiva podem ser dirigidos a mim mesmo – neste caso classifico-os na subcategoria específica de pensamentos de autodesprezo – ou a outras pessoas.

A classificação dos pensamentos

Sente-se confortavelmente e observe cada pensamento à medida que ele emergir na consciência. Observe-o pelo tempo suficiente para decidir a que categoria ele se ajusta e vá em busca de outro. Se nenhum pensamento parece aflorar neste momento, simplesmente relaxe e usufrua uns poucos segundos de iluminação da mente, sem esforço.

Se nenhum pensamento parece se ajustar a nenhuma de suas categorias, crie uma nova categoria razoavelmente apropriada (Ah, eis um pensamento do tipo "E se Eu Tivesse Nascido um Esquimó?"), e prossiga na busca ao próximo pensamento.

Como no último exercício, se um pensamento persistente surgir, apenas certifique-se de qual e de que tipo de pensamento ele é.

Depois de meditar, veja se consegue apontar quais os pensamentos mais freqüentes. Quais foram fáceis de descartar? Quais os mais difíceis?

A contagem de um determinado pensamento

Você pode escolher qualquer pensamento, ou categoria de pensamento, para "perceber" neste exercício. Obterá mais benefícios se escolher um dos persistentes, pois estes são os pensamentos que você mais precisa trabalhar.

Neste exercício, tente lembrar-se de contar o número de vezes, no curso de uma hora ou um dia, em que um determinado pensamento se manifesta. Isso é tudo em que consiste o exercício. Você pode querer manter um registro em um pedaço de papel, de modo a não esquecer seus pontos. Tente não se irritar consigo mesmo por ter esses pensamentos incontroláveis. Os exercícios de Compaixão mais adiante o ajudarão a tratar até mesmo a sua mente com um toque de indulgência...

Geralmente faço este exercício com meus pensamentos de razão, pois são para mim os mais persistentes. Adoro estar *certo* e é difícil para mim permitir que alguém esteja errado sem admiti-lo, esquecer tudo quando estou certo e eles errados. Em um verdadeiro dia de razão, posso contar dúzias de pensamentos de razão! Ao agir assim, torno-me mais consciente do domínio que esse pensamento em particular exerce sobre mim e posso lutar para diminuí-lo.

A cadeia de pensamentos de "Rube Goldberg"

Em um desenho animado de Rube Goldberg, fatos estranhos são encadeados para ocasionar um evento final. Para criar um despertador Goldberg, por exemplo, o sol nasce e, através de uma lente de aumento, seus raios queimam a corda por onde está pendurado um queijo e este cai, de forma que o camundongo sai da toca e é perseguido pelo gato, que, por sua vez, é perseguido pelo cachorro que dormia sob a cama, da qual se desprende uma ripa, de modo que o fazendeiro vai ao chão e é acordado a tempo de fazer a ordenha!

Nossa mente, com freqüência, funciona de modo semelhante, escondendo pensamentos de uma forma estranha. À medida que começo a observar meus pensamentos com mais atenção, descubro que os de frustração ou medo em geral acarretam pensamentos de raiva, como descrevi nas seções "Domando a 'mente Rambo'" e "Aplicando compaixão aos pensamentos".

Após dedicar algum tempo aos exercícios de contagem e classificação do pensamento, tente uma classificação em que você procura especificamente dois ou mais pensamentos que com freqüência ocorrem juntos. Você pode descobrir, por exemplo, que os pensamentos de culpa que acreditava se manifestarem de maneira espontânea são, na verdade, resultados de pensamentos de raiva anteriores, os quais por sua vez derivam de pensamentos de impotência. O reconhecimento de seus pensamentos desse modo pode de fato ajudá-lo a compreender por que você se sente de determinada forma.

Vivenciando os pensamentos

Assim como com a respiração e o caminhar, começamos a contar os pensamentos e a classificá-los. Agora é a hora de simplesmente vivenciar a sensação que proporcionam, quase da mesma maneira como vivenciamos as sensações físicas de caminhar e respirar nos exercícios de caminhada e respiração "sem classificação".

Comece com alguns momentos de sua meditação favorita para relaxar e iluminar a mente. A seguir, convoque um de seus pensamentos persistentes, talvez um de medo, desejo ou raiva. Observe-o e pergunte-se: "Como é a raiva (ou outro sentimento)?" É uma sensação quente ou fria? Meu corpo fica mais contraído ou relaxado? Há algo de agradável nesse sentimento ou ele é apenas doloroso?

Observe o pensamento – dê um passo para trás e examine-o como um objeto. Neste momento, talvez seja útil a releitura das seções "No Cinema" e "Relacionando-se com a Mente" da Parte Um. Essa investigação do pensamento muda sua reação a ele? De que forma?

Se você se surpreender preso ao conteúdo do pensamento ("Tenho o direito de estar zangado, eles não deveriam..."), observe essa fixação. Como se sente preso a um pensamento como esse? E se você não consegue distanciar-se e estabelecer uma relação com este pensamento em particular, por ora tente um que não seja tão insistente!

Vivendo no agora

A maioria de nós vive quase todo o tempo no passado ou no futuro. Raramente nossa atenção se volta para o que está acontecendo no "Momento Presente". E você? Também? Então responda rápido, sem pensar: Você está inspirando ou expirando? Provavelmente você teve de redirecionar a atenção para a respiração a fim de responder a esta pergunta. Onde estava sua atenção?

Os pensamentos a respeito do que acabamos de fazer, ou de não fazer, e sobre o que deveríamos ou não fazer, ou talvez façamos, atropelam-se constantemente em nossa mente. Quantas vezes pensamos sobre o passado com autodesprezo: "Eu deveria ter agido de outro modo" ou "Com certeza fiz tudo errado". E também pensamos sobre o futuro para nos perturbar: "E se tal fato acontecer?" ou "É provável que não dê certo".

Virtualmente todos os nossos pensamentos se baseiam no passado ou no futuro, o que ocorre também com o número absoluto dos medos e desejos. Estes últimos são lembranças de experiências agradáveis que desejamos e planejamos recriar no futuro. Os medos são memórias de dores passadas que desejamos e planejamos evitar no futuro.

De certa forma, todos os exercícios deste livro são do tipo "Vivendo o Agora". Quando praticamos a Contagem dos Pensamentos ou a Caminhada Vagarosa, não nos sobra muito tempo para pensar no passado ou futuro. Aprendemos a abandonar esses pensamentos tão logo os percebemos.

Há algo de muito prazeroso em manter a mente no "Agora", mas é difícil descrevê-lo com precisão. Tudo o que posso dizer é que o bocado de comida que saboreamos *agora* é de algum modo diferente do bocado que acabamos de comer (o qual pode apenas ser lembrado) ou o bocado que planejamos comer a seguir (o qual pode ser apenas antecipado). É claro que o fato de pensarmos no bocado passado ou futuro o traz ao presente como um pensamento em nossa mente. No entanto, o alimento real que se encontra na boca pode evidentemente ser mais satisfatório do que o *pensamento* do alimento passado ou futuro que estiver na mente neste momento. É melhor um feijão com arroz agora do que banquetes futuros!

Como pequeno editor, com freqüência preciso planejar livros, publicidade ou estratégias de marketing para um futuro distante. Assim, o meu "Agora" pode envolver o início de eventos que só se completarão em muitos meses. Para mim é confuso separar a realidade presente do editor (a qual inclui os próximos seis ou doze meses) de minha realidade pessoal. Nesta, quero saborear os eventos do presente – odores, sabores, sensações – sem uma influência exagerada de medos e desejos passados e futuros. Trata-se de um equilíbrio delicado, que ainda não compreendo com clareza. Mas sei com certeza que os seguintes exercícios "Vivendo o Agora" ajudam! E, falando de um delicado equilíbrio...

O equilíbrio central

Fique de pé ereto, os braços ao longo do corpo, pés a aproximadamente 15cm de distância. Concentre a atenção em seu senso de equilíbrio, na sensação que lhe proporciona o peso de seu corpo equilibrado sobre os pés.

Incline-se à frente cerca de 5cm e sinta a tensão à medida que os artelhos enterram-se mais no solo para compensar a inclinação, enquanto você se transforma numa Torre de Pisa humana. Incline-se para trás aos poucos, até que a maior parte de seu peso esteja nos calcanhares. Incline-se ligeiramente à esquerda e à direita, percebendo a mudança de peso de um pé para o outro.

Repita esses movimentos de forma mais sutil, com movimentos mais leves. Veja que é necessário inclinar-se apenas um pouco para não se sentir perfeitamente ereto e equilibrado. Veja como é fácil supercompensar o desequilíbrio em uma direção ou outra. Há alguma posição em que você se sinta em *completo* equilíbrio quando de fato concentra a atenção nela? É provável que não.

Você pode praticar este exercício em qualquer lugar, sem atrair muita atenção para si, se usar os movimentos suaves da segunda etapa. Como a "sensação de equilíbrio" é com freqüência utilizada como metáfora para estabilidade mental, este exercício é útil a qualquer momento em que você se sentir perdido. Os poucos momentos de suspensão das tensões produzidas por pensamentos passados e futuros o ajudarão a restaurar seu equilíbrio tanto físico quanto mental!

Outros exercícios para viver o agora

Também podemos converter atividades rotineiras em exercícios de meditação para Viver o Agora. Com efeito, já nos utilizamos dessa prática com a caminhada e a respiração. Como afirmei anteriormente, *qualquer coisa* feita com um alto grau de concentração é, por definição, meditação.

A tradição zen-budista do Japão sempre fez uso dessa abordagem. Os arranjos florais, a Cerimônia do Chá, o Arco e Flecha Zen e a maior parte das artes marciais japonesas são utilizadas como formas de meditação. Seus praticantes se concentram exclusivamente nas flores, chá ou arco, ignorando todos os outros pensamentos. Isso lhe soa familiar?

A alimentação

A sociedade nos envia muitas mensagens confusas sobre a alimentação. Por meio delas, damos amor a nós mesmos, comendo chocolates exóticos, petiscos e guloseimas tentadores. Mas também nos punimos e usamos a alimentação para conter a auto-aprovação, com dietas de choque e obsessões permanentes a respeito daqueles quilinhos a mais. Prestamos muita atenção ao que comemos, mas pouca ao que sentimos enquanto comemos. Com freqüência evitamos "sentir" enquanto comemos. Para isso, comemos na companhia de outras pessoas e, quando sozinhos, lemos ou assistimos à televisão durante as refeições. Ou nos entupimos de comida, sem nem mesmo saboreá-la.

A atenção consciente voltada para as sensações e para a comida pode ser uma experiência muito intensa! Tente, quando estiver comendo sozinho, este exercício de "Alimentação Consciente".

Quando tiver a comida à sua frente, pratique por um momento um exercício para iluminar a mente, talvez um dos que utilizam a respiração. Comece então a comer, vagarosamente. Concentre-se em cada etapa do processo: o ato de levantar o garfo ou colher, escolher a porção a ser levada à boca, levar a comida à boca, depositar ali a porção, baixar o garfo, mastigar e perceber os sabores, engolir e levantar o garfo novamente.

Se quiser, classifique cada ação, como foi feito com a Caminhada Vagarosa: levantar, escolher, levar, depositar, baixar, mastigar, saborear e engolir. Se outros termos lhe parecerem mais apropriados, use-os.

Talvez você prefira concentrar-se na sensação proporcionada a cada ação, a classificá-las, como no caso da Caminhada sem classificação. Apenas diminua o ritmo e concentre-se no ato de comer. Algumas pessoas consideram este exercício mais fácil se segurarem o garfo com a mão que geralmente não usam para isso, pois isto aumenta a concentração nessa mão.

Perceba a sensação do metal na boca, os movimentos musculares envolvidos no ato de levantar o garfo, mastigar, engolir. Sinta cada movimento da língua, lábios, garganta. Concentre-se na textura e no sabor de cada tipo de alimento. Seja o mais específico possível em sua investigação. As cascas das ervilhas têm sabor diferente da polpa? Quanto você tem de aproximar a comida de si para que sinta seu cheiro? O que mais você pode notar?

Como sempre, fique atento aos pensamentos à medida que surjam e volte a atenção à comida. Noto com freqüência um desejo de escolher e levantar a garfada seguinte, antes de terminar a mastigação e ingestão do que tenho na boca. Este desejo é seguido em geral por um sentimento de culpa ligado à gula. Se pensamentos semelhantes lhe ocorrerem, perceba-os, classifique-os se quiser ("Aha, aí está a gula..."), deixe-os de lado e concentre-se na refeição. Se pensamentos tristes ou solitários (em especial sobre fazer as refeições sozinho) aparecerem, como sempre acontece comigo no curso desta meditação, é bem possível que um momento do Exercício da Compaixão (página 99) resolva.

Um interessante exercício em dupla para amigos e casais é o revezamento no ato de dar o alimento um ao outro, enquanto se concentram silenciosamente nas sensações físicas ou mentais. Para mim, este exercício sempre provoca sentimentos de compaixão quando dou o alimento, e sentimentos infantis ou de vulnerabilidade quando o recebo.

A direção consciente

Dirigir é uma das ações mais perigosas que praticamos no dia-a-dia. Ainda assim, freqüentemente, quando dirigimos, nossa mente se perde no passado ou futuro, longe de uma concentração absoluta na manipulação de toneladas de ferro em grande velocidade. Conversamos, ouvimos o rádio, comemos, bebemos ou fumamos, mantendo apenas "um olho" na estrada e no trânsito.

Na direção consciente, concentramos a atenção exclusivamente nos elementos importantes à segurança automotiva, de modo tão intenso como se fôssemos pilotos de corrida em Monte Carlo, participando da corrida de nossas vidas. No entanto, em vez de nos concentrarmos apenas na velocidade, prestamos atenção a vários fatores: a estrada à frente, a posição de outros carros próximos a nós, nossa velocidade, condições de direção e da pista.

Caso algum pensamento não-pertinente à segurança da direção se faça presente, tomamos consciência dele e sutilmente voltamos a atenção à direção. Se este exercício parecer, por alguma razão, arriscado, não o faça. Estou convencido, porém, de que, se um número maior de pessoas concentrasse sua atenção apenas na direção, as estradas seriam lugares mais seguros.

Mais exercícios para viver o agora

Como tenho afirmado ao longo do livro, podemos transformar qualquer atividade em meditação, bastando para isso que concentremos a atenção de forma constante naquela atividade. Experimente ao se barbear, escovar os dentes (na minha opinião, a troca de mãos aqui de fato me obriga a me concentrar nos movimentos de minha mão, e faz deste tipo de meditação um desafio), lavar as mãos, a louça, ou executar outra tarefa rotineira simples.

Certifique-se apenas de que está pensando só na tarefa presente e volte a se concentrar nela tão logo perceba outros pensamentos penetrarem em sua mente.

Gosto de tentar fazer do ato de lavar as mãos uma meditação, todas as vezes em que pratico esta ação durante o dia. Em vez de usar esses 30 ou 40 segundos para planejar, me preocupar ou divagar, concentro-me nas sensações de morno, molhado, escorregadio, ensaboado, seco. E sinto-me mais equilibrado e relaxado depois disso. Talvez a limpeza esteja próxima à santidade, afinal!

Sobre a visualização

> O fato de nosso cérebro e corpo reagirem de forma tão intensa às imagens mentais torna a habilidade de visualizar muito importante. Uma grande quantidade de provas indica que, depois de passarmos algum tempo visualizando nitidamente a nós mesmos envolvidos em uma atividade, esta se torna de fato fácil para nós. Essa técnica funciona em quase todas as esferas, dos esportes à música e ao relaxamento, e o elemento-chave parece ser o grau de "realidade" da visualização. Assim, vale a pena dedicar algum tempo à prática e ao fortalecimento desta habilidade crucial.

De certa forma, o termo *visualização* é mal-empregado, pois a experiência desta técnica é intensificada quando os outros sentidos, além da visão, podem ser incorporados em todos os exercícios. No exercício seguinte, tente recriar, em sua mente, uma sensação vívida da visão, tato, olfato e paladar.

Se o tema da visualização lhe interessa, sugiro três livros para começar: *Super-Learning* (Superaprendizado), *Psycho-Cybernetics* (Psicocibernética) e *O método Silva de controle mental** (ver Bibliografia).

A meditação do limão

Imagine um limão da forma mais nítida possível. Tão amarelo quanto o sol, a casca espessa com minúsculas rugas e apenas um quê de óleo ao toque. Enterre a unha na casca e observe o minúsculo spray de óleo cítrico que se lança no ar. Retire uma parte da casca a fim de mostrar as fibras brancas que cobrem a polpa suculenta.

Você sente o cheiro e o gosto ácidos quando morde o limão, e então saliva.

Se imaginou o limão com nitidez, provavelmente salivou mesmo antes de imaginar-se mordendo-o. É este o propósito deste exercício "Corpo/Mente".

---

*Publicado no Brasil pela Record.

A maioria das pessoas considera a salivação um processo físico, ainda que fora de seu controle consciente. No entanto, salivamos quando pensamos no limão. O simples pensamento em um paladar ácido de algum modo estimula uma glândula na boca, a qual produz uma secreção.

Pratique a visualização com este exercício do limão. Você é capaz de "treinar" suas glândulas salivares para que entrem em ação ao primeiro pensamento em um limão? À palavra "limão"? Continuaremos a usar as habilidades de visualização em muitos dos exercícios, portanto pratique um pouco mais.

Que tal algumas visualizações *loucas*, para nos divertirmos? Você pode imaginar o monstro de Frankenstein? Agora ponha-o em um smoking! Troque este por uma saia de balé amarela! Faça-o dançar um *charleston* e então substitua-o pela imagem de... Robert Redford! Não é divertido?!!!

O exercício da visualização

Este exercício é um aquecimento para a Habilidade Mestra no final do livro. Reserve apenas 20 ou 30 segundos (ou mais) algumas vezes por dia para visualizar-se *de fato praticando* uma técnica de Meditação em 3 Minutos em uma situação da vida real. Por exemplo, você pode imaginar-se na prática de um dos exercícios de meditação de caminhada ao voltar para o escritório depois do almoço. Tente vivenciar a cena que você criou na mente do modo mais claro possível. Sinta seus pés tocarem o chão e os polegares tocarem suavemente os indicadores. Visualize a área circundante e ouça e perceba sons e odores pertinentes.

Depois de praticar por alguns minutos, tente visualizar-se na aplicação da meditação para lidar com um quadro um pouco mais estressante. Talvez você possa *imaginar-se* fazendo a meditação da caminhada ao se dirigir ao escritório do chefe para uma reunião ou a caminho de um encontro às cegas!

Quando se sentir à vontade com esses exercícios, pule para o fim do livro e experimente a Habilidade Mestra!

Visualização e saúde

Há milhares de anos, os faquires da Índia têm demonstrado sua habilidade em controlar várias funções orgânicas em um nível surpreendente. Por meio de técnicas de meditação, um faquir experiente pode suspender as funções respiratória e circulatória por períodos de tempo prolongados, e até mesmo um faquir medíocre pode deitar-se em uma cama de pregos ou andar sobre carvão em brasa. Ao que parece, a mente tem um controle sobre o corpo muito maior do que se acredita no Ocidente.

Alguns campos recentes da ciência relacionada ao corpo/mente, como a psiconeuro-imunologia (PNI), tratam somente desse tema. Se as pessoas podem controlar com a mente uma secreção glandular como a saliva (o que foi feito no exercício do limão), por que *não* seríamos capazes de estimular ou retardar outras funções glandulares, ou recuperar o sistema imunológico afetado? As evidências preliminares indicam que podemos e que a visualização é a técnica usada com maior freqüência! Caso este tema lhe interesse, recomendo a leitura de *Cuidando do corpo, curando a mente*, de Joan Borysenko, e *Amor, medicina e milagres*, de Bernie Siegal (ver Bibliografia).

É claro que a conexão corpo/mente não se manifesta *apenas* por meios exóticos ou milagrosos. Cada vez que você levanta um dedo ou dá um passo, um pensamento em sua mente está de algum modo motivando uma resposta física no corpo. As atividades rotineiras que fazemos todos os dias nunca parecem tão maravilhosas quanto as feitas por outras pessoas. No entanto, a habilidade de *não* respirar propositadamente é mais impressionante do que o seu oposto? O fato de todo ser vivente poder respirar não faz com que esse fato seja menos prodigioso.

Sobre o relaxamento

A capacidade de relaxar os músculos do corpo quando se deseja é de grande utilidade, e as habilidades de visualização podem facilitá-la. Talvez você considere mais fácil, no início, praticar este exercício deitado de costas em uma cama, os braços ao longo do corpo. Demore o tempo necessário, nas primeiras vezes, sendo que você pode gastar 10 ou 20 minutos.

Cerre os punhos de ambas as mãos, fincando os dedos nas palmas. Sinta a tensão nas mãos e até mesmo nos antebraços. Mantenha-a por cinco ou seis segundos e então relaxe. Retese as mãos novamente, pelo mesmo período de tempo, e relaxe. Dessa vez, ao relaxar as mãos, diga a si mesmo "quentes e pesadas, quentes e pesadas" e visualize suas mãos quentes e pesadas, afundando na maciez da cama. Gosto de imaginar minhas mãos feitas de mercúrio ou chumbo derretido, quentes, macias e muito pesadas.

Repita o mesmo processo – retesar e relaxar, de novo retesar e relaxar, dizendo "quente e pesado" (com a visualização adequada) – para cada um dos principais grupos musculares de seu corpo. Depois das mãos, repita o exercício com os pés, panturrilhas, coxas, nádegas, estômago, tórax, braços, ombros, pescoço, maxilares e olhos. Retese e relaxe, retese e relaxe. Quente e pesado, quente e pesado. Tente criar uma sensação de relaxamento máximo, em seu corpo inteiro.

Quando você se sentir de fato relaxado, imagine-se em um lugar muito tranqüilo, o qual você relacione ao relaxamento. Tente fazer uma imagem mental o mais clara possível deste local, inclusive a sensação que ele lhe traz, os sons, imagens, cheiros e até mesmo sabores. Grave o maior número de detalhes que puder. Eu imagino uma adorável praia tropical. Sinto o sol quente, a brisa fresca e a areia sob o meu corpo, enquanto observo as folhas dos coqueiros balançarem-se. Ouço as ondas se quebrarem na praia e sinto o cheiro, quase mesmo o sabor do sal no ar.

Depois de praticar este exercício algumas vezes, você se verá capaz de recriar mentalmente o seu local de relaxamento, e sentir-se relaxado sem necessidade de retesar e relaxar os músculos, ou pelo menos não por tanto tempo. Com a prática, você será capaz de voltar a seu local de relaxamento com o simples fato de pensar nele por um ou dois segundos. A qualquer hora em que estiver tenso, poderá sair em férias instantâneas, sem sequer se mexer!

Compaixão

Como já afirmei anteriormente, a compaixão é o centro da meditação, pois, sem aquela, esta se torna uma simples atividade que fazemos "mal", ou "não o suficiente", ou da qual "deveríamos obter resultados mais imediatos".

É importante diferenciar a compaixão da piedade, o que tento fazer por meio deste critério: na piedade, há um elemento de receio por si mesmo. Observamos a vítima de um acidente e nossos sentimentos de empatia são tingidos com um medo por nós mesmos ("Puxa! Poderia ter acontecido comigo; fico feliz que não tenha e espero que não aconteça"). Na compaixão, há uma aceitação real de nossa condição humana e nenhuma tentativa de afastar os eventos negativos, transformando-os em "algo que acontece com os outros".

Estes são pontos importantes e talvez o ajudem a distinguir os sentimentos de piedade e compaixão que você experimentar. A seguir, veremos os exercícios de compaixão que considero mais úteis e satisfatórios.

As guelras do coração

Acredito que eu mesmo criei esta técnica de meditação, ou pelo menos sua imagem central, uma noite em que meditava próximo ao meu aquário tropical. Enquanto observava um anjo-do-mar, e ele me observava, imaginei que meu coração possuía uma espécie de "guelra de compaixão", e que a cada inspiração e expiração uma onda de compaixão me cobria, limpando sofrimentos e pensamentos de autodesprezo e substituindo-os por compaixão.

Embora isso possa parecer tolo de uma perspectiva analítica, é bastante satisfatório. Simplesmente "desloque" a respiração das narinas para o coração. Visualize a abertura de uma guelra, como a de um peixe, bem em cima de seu coração, e deixe que a compaixão percorra você, como a água, com o oxigênio revigorante, percorre o peixe. Como nos outros exercícios, quando outros pensamentos surgirem, note-os e volte suavemente à imagem das guelras do coração.

E conscientize-se de que é fácil criar suas próprias técnicas de meditação. Elas não têm de ser tradicionais ou fazer sentido. Têm apenas de se adequar a você...

A meditação ahhh/oooh

Este exercício integra admiração e dor, vendo-as como necessárias uma à outra. Em um mundo de beleza e esplendor, como pode não haver admiração? Contudo, em um mundo no qual todos que nascem devem morrer, como pode não haver dor? E em um mundo cheio de admiração e dor, como pode não haver compaixão por aqueles que devem aqui viver?

Ao inspirar, diga mentalmente "Ahhh", o "Ahhh" de quando se sai de casa numa linda manhã de primavera, o "Ahhh" de quando se observa o pôr-do-sol no oceano.

Ao expirar, murmure "Oooh", o "Oooh" de quando se assiste a uma guerra na televisão, o "Oooh" de quando se vêem mendigos revolvendo depósitos de lixo em busca de comida. "Ahhh, Oooh, Ahhh, Oooh." É doloroso viver neste mundo estranho, adorável, terrível, imperscrutável. É admirável viver neste mundo estranho, adorável, terrível, imperscrutável. Os dois sentimentos não podem ser separados. Como você pode não sentir compaixão por todas as criaturas que devem viver aqui, incluindo você mesmo?

O perdão

Este exercício é muito simples, embora nem sempre fácil. Imagine alguém que você pensa que o magoou ou prejudicou. É importante, agora, que se escolha alguém com quem não mais se esteja muito zangado. Visualize essa pessoa o mais nitidamente possível e diga-lhe: "Eu o perdôo. Perdôo-o por me magoar ou prejudicar."

Repita algumas vezes e tente sentir a clemência, tente sentir-se livrando-se de vestígios de raiva ou razão em relação a tal pessoa. Caso não esteja certo sobre com quem você está pronto para fazer este exercício, faça-o com alguém que lhe tenha causado um mal menor, sem maiores conseqüências – um motorista que lhe cortou a frente na estrada ou um vendedor que cobrou a você alguns centavos a mais. Finalmente, com a prática, você poderá fazer este exercício com pessoas que lhe tenham causado danos mais sérios.

É crucial lembrar-se de que o perdão concedido a uma pessoa *não* significa que se justifique ou aceite seu comportamento. Você perdoa a pessoa, não o comportamento. O abandono da raiva e do sentimento de que se foi vítima é uma experiência libertadora. A prática deste exercício com o editor que "se apropriou" do meu livro sobre a gaita-de-boca e da idéia para o título (veja a seção "Por que *Eu* Precisava Meditar") permitiu-me deixar de desperdiçar energia com raiva e auto-rancor e dar prosseguimento à minha vida...

O próximo exercício é até certo ponto interligado a este e pode tornar mais fácil a aquisição de uma consciência de perdão. Você pode também combinar os dois a fim de desenvolver um sentido mais profundo de compreensão e compaixão pelo objeto escolhido para a meditação.

A meditação eu-tu

O teólogo judeu Martin Buber cunhou o termo "Eu-Tu" para indicar um relacionamento no qual você (o "Eu") interage com outra pessoa, com a compreensão de que a outra tem tantos sentimentos e necessidades, medos e desejos, quanto você, e o mesmo direito de lutar por eles. Buber contrapõe a este o relacionamento "Eu-Objeto", no qual você age como se a outra pessoa fosse essencialmente um objeto, cujo principal propósito na vida fosse ajudá-lo a obter satisfação.

É fácil ser presunçoso e dizer: "Eu não ajo *assim*." Mas quantas vezes, em especial quando se tem pressa, um vendedor em uma loja ou um frentista de um posto de gasolina parece uma pessoa real, completa, com sua própria história e sentimentos? Quando alguém passa sua frente na fila, você o vê como uma pessoa com problemas, medos e necessidades próprios, assim como você, ou o considera apenas "um idiota mal-educado", interpondo-se entre você e o balcão de doces? Você consegue ver que a linda mulher ou o homem "bonitão" do outro lado da rua tem vida própria e completa e não existe apenas como um objeto para sua gratificação visual (ou talvez fantasia sexual)?

Comece escolhendo alguém, um caixa de banco ou vendedor ambulante, com quem você normalmente não se relaciona, e tente vê-lo como um "tu" em vez de um "objeto". Com um pouco de prática, você será capaz de executar este exercício com um garçom grosseiro, um mendigo agressivo ou um político de um partido diferente do seu! E essa prática pode ajudá-lo com o próximo exercício, que é de grande importância para você!

O exercício da compaixão

Imagine-se como uma criança pequena, da idade mais tenra que você puder recordar. Visualize seu eu-criança da forma mais clara possível, e emita sentimentos de amor e compaixão para aquele eu-criança. Envolva-se com os braços ou pelo menos coloque uma mão sobre a outra de um modo amoroso e compassivo. Imagine-se abraçando o eu-criança.

Se surgirem outros pensamentos, além dos de amor e compaixão, volte a mente suavemente para o amor e a compaixão pelo eu-criança.

Para muitos de nós, os sentimentos de compaixão por nós mesmos em qualquer idade não vêm com facilidade. Pratique este exercício com tanta benevolência e amor quanto puder e tente não ser crítico se isso parecer difícil. Percebe a ironia de julgar-se severamente pela incapacidade de executar "bem o bastante" um exercício de compaixão? Apenas faça o melhor que puder e conscientize-se de que será fácil com o tempo...

Freqüentemente encontro pensamentos críticos tais como "Não mereço isso" ou "Tenho de ser duro" insinuando-se durante o exercício. Já tenho muita prática em percebê-los logo e aprendi a usá-los como um "trampolim" para emprestar maior vigor aos meus sentimentos de compaixão. Em vez de aumentar o sofrimento, estes pensamentos de autodesprezo podem ser usados como degrau para um maior amor-próprio, dizendo-se: "Tenho sido tão duro comigo, por tanto tempo, que mal posso fazer este exercício. Preciso de todo o amor e compaixão que puder me permitir."

A seguir, imagine-se como uma criança mais velha, e repita o processo. Não esqueça de se abraçar, ao menos na imaginação. Vá até a puberdade (uma idade na qual todos precisamos especialmente de compaixão e abraços) e faça o exercício. Depois, vá de cinco em cinco anos ou de dez em dez até atingir sua idade atual. Então faça o mesmo que vinha fazendo com seus eus mais jovens – banhe-se em amor e compaixão enquanto se abraça. Mas desta vez envolva-se de fato com os braços, amorosamente.

Se você tem alguma resistência à prática deste exercício, examine essa resistência. O que você sente em relação a ela? Você pode fazer o "Eu-Tu" com outros, mas não é capaz de fazer consigo mesmo? Como esse fato o afeta? Talvez você precise praticar primeiro a Meditação do Perdão *consigo* ou com um dos pais que o tenha ensinado a ser autocrítico e não complacente. Se parece que você não consegue mesmo fazer este exercício da Compaixão, veja os livros de Theodore Isaac Rubin, *Compassion and Self-Hate* (Compaixão e Autodesprezo) e *Reconciliations* (Reconciliações).

O zen do "Eu não sei"

No coração da tradicional meditação japonesa zen encontra-se o "*Koan*". Um *koan* é uma pergunta sem resposta racional. Alguns dos *koans* mais comuns são:

"Qual o som de uma só mão batendo palma?"
"Como era seu rosto antes do nascimento de sua mãe?"
"Um cachorro pode alcançar a iluminação?"

Observe sua mente enquanto concentra a atenção em uma destas perguntas. Ela busca uma resposta? Rejeita o exercício, considerando-o ridículo?

Tente cultivar uma consciência de "Eu não sei". Pode não ser fácil, a princípio. Mas deixe que *não* saber esteja OK. Olhe a sensação vazia, ampla, da condição mental "Eu não sei". Aí há lugar para absolutamente todas as coisas!

A história com que se costuma ilustrar este conceito fala sobre um cientista que visitou um mestre budista a fim de aprender sobre o budismo de um ponto de vista "científico". Antes de começar, o budista sugeriu que tomassem um chá. Encheu a xícara do cientista até a borda, fez uma pausa de um segundo e despejou mais chá na xícara. O cientista deu um pulo quando o chá transbordou em seu colo. "Uma xícara cheia demais", disse o budista, "não pode receber mais nada. O mesmo acontece com a mente".

A declaração de Jesus "Antes que Abraão existisse, eu sou" (João 8:58) é um excelente *koan* cristão! E como a palavra que Jesus usou para "Eu sou" era também o nome sagrado de Deus, ela se encaixa em alguns conceitos que apresentarei mais adiante na seção "Eu Sou".

Desde criança, gosto de ponderar sobre o *koan* "Sorvete não tem ossos". E isso, é claro, é um clássico *koan* do sorvete (minhas desculpas a Ben *Cohen* & Jerry Greenfield)!*

A meditação do "Eu não sei"

Depois de um pouco de prática com os *koans* anteriores, escolha uma situação de sua vida, cuja sequência não pode ser prevista. Pode ser algo tão inocente quanto "Ganharemos o jogo esta noite?" ou tão séria quanto "Eu me casarei?" ou "Quanto tempo viverei?".

Concentre a atenção na pergunta, enquanto tenta manter uma consciência de "Eu não sei". Note as tentativas de fazer previsões racionais: "Um de nossos jogadores está gripado, mas o braço do melhor lançador deles está contundido..."; volte, porém, ao "Eu não sei". Observe sua mente enquanto ela vacila entre a procura da resposta e "Eu não sei".

Tente incorporar mais "Eu não sei" em sua vida diária. Você vai pegar aquele ônibus? Não sei. E está tudo bem. Vai conseguir o aumento? Não sei. E está tudo bem.

Você pode continuar a lutar entusiasticamente para pegar o ônibus ou conseguir o aumento, mesmo *enquanto* permite que esteja tudo bem com o fato de não saber se isso acontecerá ou não. E – uma última pergunta, ou talvez eu deva dizer *koan* – você fará da meditação uma parte constante de sua vida? Não sei. E está tudo bem...

---

*O autor faz uma brincadeira com os famosos fabricantes do sorvete americano Ben & Jerry, que escreveram o prefácio deste livro: o sobrenome de Ben tem a pronúncia semelhante à do termo *koan* (*N. da T.*).

Julgamento: A faca de dois gumes

A mente adora julgar. Infelizmente, o julgamento é uma faca de dois gumes. E nela não há como segurar. Ao agarrá-la para atacar um inimigo real ou imaginário, um dos cortes fará um ferimento profundo em suas próprias mãos.

"Não julgues para não seres julgado" é uma advertência que se aplica à mente. Se permitirmos que nossa mente julgue outras pessoas e acontecimentos, elas certamente voltarão como bumerangues e nos julgarão também. De forma literal, a faca de dois gumes...

Aprender a não julgar de imediato traz dois grandes benefícios. Primeiro, ao começarmos a relaxar o hábito de julgar, criticaremos a nós mesmos com menor freqüência e de forma menos rígida. Dessa forma, os exercícios do julgamento e da compaixão complementam um ao outro.

Segundo, ao tentarmos suspender os julgamentos dos pensamentos e eventos, descobrimos, como o Don Juan, de Carlos Castaneda, que as coisas não se tornam uma bênção quando as aprovamos ou um castigo quando as desaprovamos, mas um desafio: o de tentar usar cada pensamento e acontecimento em nossa vida para nos levar na direção de uma crescente Iluminação.

Esta é uma tarefa e tanto. Talvez, de fato, valha 100.000 *mahacalpas* (veja "Quanto tempo deve levar", na página 42). Mas os exercícios da Expansão dos Limites e do Julgamento ajudarão a nos pôr a caminho, em um ritmo que possamos acompanhar, hoje.

O julgamento de pensamentos

Este exercício simples é semelhante à Classificação dos Pensamentos, porém mais fácil. Em vez de observar cada pensamento e classificá-lo de acordo com a categoria a que pertence, apenas observe-o fluir e rotule-o como positivo (você gosta do conteúdo), negativo (você não gosta do conteúdo) ou neutro (nenhum sentimento em particular em relação ao pensamento). Caso você se veja *envolvido* com o conteúdo específico de um pensamento, como "Eu realmente gosto de Pontiacs – gostaria de ter um Firebird – vejamos, se eu trocar o Hyundai...", observe com cuidado como você se sente ao se ver preso ao conteúdo mais uma vez, e volte à simples observação: positivo, negativo e neutro.

A observação das constantes aprovações e desaprovações da mente sem o envolvimento nas emoções também o ajudará a enfrentar os acontecimentos reais do mundo exterior. Em vez de se perguntar "Gosto ou não deste fato?", você começará a perguntar: "Qual a melhor forma de enfrentar este desafio de modo que ele me ajude a seguir na direção que eu desejo?"

Como espero que você esteja começando a experimentar a satisfação proporcionada por um estilo de vida mais contemplativo, calmo e menos crítico, você perceberá, com uma freqüência cada vez maior, que prefere a aceitação tranqüila (a qual *não* significa resignação, como veremos adiante) à luta frenética, e a compreensão compassiva à ira. E quando você tiver uma "recaída" e gritar ou sentir-se deprimido, será capaz de perceber sua atitude e, gentil e compassivamente, trará a mente de volta aos caminhos da meditação.

O exercício da aceitação

Escolha uma característica sua da qual não goste particularmente. Talvez seja mais fácil começar com um aspecto físico e não mental. Gosto de praticar este exercício em frente ao espelho e me concentrar nos quilinhos a mais que teimam em fixar-se à minha região média, independente do quanto eu pedale ou pratique canoagem. Permita a si mesmo, pelos 3 minutos deste exercício, aceitar sem julgamentos aquilo de que não gosta. Observe sua mente. Ela apresenta alguma resistência? Provavelmente sim, mas os próximos exercícios ajudarão.

Depois de praticar com um atributo físico, tente aceitar um elemento que não lhe agrade em sua mente. Eu uso o sentimento de querer ter sempre razão.

Agora tente momentaneamente trazer um sentimento de aceitação em relação a uma condição externa que lhe desagrada. Você pode escolher um tema social ou político, ou algum fato de sua vida ou trabalho. Aceite que as coisas sejam exatamente como são, por apenas 3 minutos.

O fato de aceitar esses aspectos não significa que você não tentará modificá-los no futuro, próximo ou distante. Quer dizer apenas que você permite que eles existam nesse momento, sem autodesprezo ou julgamentos. Como eles *de fato* existem, é melhor que você os reconheça e aceite por enquanto.

Todos os atos podem ser realizados de modo mais efetivo quando nossa mente não está obscurecida pelas nuvens do julgamento. Vivendo com maior aceitação e menos crítica, não mais precisamos da ira ou do autodesprezo para motivarmos mudanças internas ou externas. Podemos simplesmente *fazer* o que for apropriado...

O círculo vicioso: Dor e resistência

Imagine-se tentando empurrar uma roseira enorme e cheia de espinhos. Quanto mais empurra, mais os espinhos se enterram em suas mãos. Freqüentemente, a dor funciona desse mesmo modo: quanto mais resistimos, mais sofremos. E quanto mais sofremos, mais tentamos resistir.

O aprendizado do abrandamento da dor, física ou mental, é difícil porém compensador. Quase sempre o desconforto diminui, ou pelo menos se torna mais suportável, quando paramos de tentar afastá-lo. Talvez até percebamos, afinal, como nossas tentativas de evitar a dor na verdade a trazem para nós.

Expandindo nossos limites

É claro que é difícil resistir à dor. Embora os gurus de primeira ordem pareçam virtualmente imperturbáveis até mesmo ao sofrimento terminal, há um grande trajeto antes que a maioria de nós possa conter a imprecação ao tropeçar, perder uma oportunidade ou ter um caminhão grudado em sua traseira.

Então sejamos realistas: um treinador de boxe arranjaria para seu jovem e promissor lutador, recém-saído de uma vitória do campeonato local, lutas contra o atual campeão olímpico? Ele seria louco se o fizesse e correria o risco de arruinar seu protegido. Em vez disso, o treinador arranjaria para o jovem boxeador uma série de lutas com oponentes desafiadores mas não insuperáveis.

E quando começamos a aplicar nossas novas habilidades meditativas aos desafios da vida real, começamos com os pequenos. Tentamos abrandar a dor de um jantar decepcionante e não a angústia de um divórcio. Perdoamos o irritante motorista de ônibus em lugar do inescrupuloso competidor nos negócios ou um parente injurioso. Cultivamos uma atitude de "Eu não sei" em relação ao fato de um amigo chegar a tempo para a sessão das oito, e não se conseguirmos aquele emprego que tanto queremos.

Talvez observemos nossos pensamentos quando surgir um momento de ciúme pelo cumprimento que gostaríamos de receber e que foi dado a um amigo. Em vez do costumeiro julgamento rígido ("Como posso estar enciumado? Ele é meu amigo! Que pessoa horrível eu sou..."), talvez possamos considerar esse pensamento de ciúme com um pouco de compaixão. E deixá-lo estar, só por esse momento...

Quem sabe um dia, ao nos sentirmos ansiosos, em vez de mergulharmos no conteúdo desses pensamentos desagradáveis, como de hábito, simplesmente poremos em prática um exercício para iluminar a mente por alguns momentos de relaxamento e claridade.

Na verdade, é de grande valor o uso dos exercícios de Meditação em 3 Minutos para lidar com esses desafios aparentemente pequenos. *Todas* as vezes que reagimos fazendo uso da meditação em vez de recair nas habituais reações de crítica, impaciência, raiva ou resistência, expandimos nossos limites. Pouco a pouco, desenvolvemos a habilidade de levar uma vida compassiva e relaxada, muito conscientes de nossos pensamentos mas não controlados por eles.

A busca da verdade *versus* a proteção da auto-imagem

Uma das formas mais importantes de "expandirmos nossos limites" é a tentativa de aprendizado do que é "*verdadeiro*" a respeito de nós mesmos, em vez da tentativa de nos *protegermos* da dor. Isso seria bem mais fácil de fazer se a verdade fosse sempre agradável.

Infelizmente, é doloroso reconhecer muitas verdades. Algumas ferem porque contradizem nossas idéias a respeito de como "uma boa pessoa deveria ser". Outras, negativas ou positivas, por contradizerem nossas idéias a respeito de como nós somos.

Enquanto crescíamos, formávamos uma imagem mental bastante sólida de quem somos, ou auto-imagem. Para a maioria, esta se torna algo que deve ser mantido a todo custo, sendo adequado ou não.

Por exemplo, aprendi cedo que os meninos eram durões e que nunca choravam. Quando adolescente, fui então forçado a negar meus medos e tristezas, pois estes não se encaixavam à minha auto-imagem. Eu lutava quando desafiado pelos "arruaceiros" locais, caso contrário experimentaria um terrível autodesprezo por ter sido "fraco". Também tive de negar meu amor e dependência pela primeira namorada firme, pois esses sentimentos não combinavam com minha auto-imagem de "durão".

Outro exemplo: embora eu, quando criança, amasse a música, no período de mudança da voz, na puberdade, fui ignominiosamente dispensado do coro e disseram-me que "eu não podia cantar". Em vez de enfrentar a dor e o embaraço que o fato me causou, decidi que ser "desafinado" (como meu pai acreditava ser) não era tão mal. Parecia uma característica firme, máscula, de "macho".

Comecei a "matar" as aulas de música e zombar, até mesmo desprezar, os outros garotos membros da banda ou da orquestra da escola. Ignorei em absoluto qualquer evidência de que eu fora, ou poderia ser, um cara musical.

Após sete anos de "desafino" auto-imposto, no final dos anos 1960 (o período mais flexível de minha vida até então), pude comprar uma gaita-de-boca para levar numa viagem, pedindo carona, até o Alasca. O fato de nenhuma das pessoas que me deram carona me conhecer facilitou-me ir contra minha auto-imagem pouco musical anterior (embora uma notável falta de virtuosismo tenha encurtado muitas de minhas caronas!).

O importante nesta história é que durante sete anos privei-me das alegrias da música, pois estava mais interessado em manter uma faceta de minha auto-imagem do que em buscar e aprender sobre a verdade.

A verdade e a autoproteção nos relacionamentos

O conflito entre a verdade e a autoproteção é extraordinariamente eficiente no que se refere a causar sofrimentos em nossos relacionamentos com outras pessoas. Em minhas antigas relações familiares e amorosas, de modo invariável, eu ficava zangado em vez de enfrentar os mais tênues sentimentos de rejeição. É claro que a raiva então aumentava a distância entre nós (em geral resultando em mais sentimentos de rejeição e, conseqüentemente, mais raiva). Ao me tornar capaz de perceber os sentimentos de rejeição, e experimentar a dor que trazem, tornei-me capaz de consolar-me com um exercício de compaixão ou compartilhar meus sentimentos com a outra pessoa.

Recomendo muito o livro *Do I Have to Give Up Me to Be Loved by You?* àqueles que desejarem trabalhar com aspectos da verdade *versus* autoproteção no contexto de um relacionamento.

Exercícios simples de dor/resistência

Estes exercícios envolvem a simples observação da dor como mais um ponto de concentração para a meditação. Ao observarmos as sensações de dor, tentaremos "abrandá-las", em vez de enrijecê-las, como de costume.

Como é quase impossível suavizar uma dor profunda sem muita prática, estes exercícios começam com doses moderadas e autocontroladas de desconforto. E lembre-se: não devem ser praticados com competitividade, com rilhar de dentes, mas com gentileza e compaixão. Caso você se surpreenda tentando "bancar o durão", talvez seja melhor voltar à seção sobre compaixão, por enquanto.

O exercício da pimenta

Eu gosto de comida condimentada. Mesmo assim, às vezes chego a um ponto em que me sinto "queimando". Minha boca e lábios ardem e eu lamento ter abusado. Embora o excesso de pimenta possa ser momentaneamente desagradável, não é prejudicial ao organismo e tem curta duração. Assim, é um bom modo de se praticar o abrandamento da dor.

Se você não é fã de comida apimentada, cuidado! Uma simples gota de molho de pimenta ou de outros temperos picantes pode ser demais para você! Lembre-se: este não é um exercício de enduro!

Pratique seu exercício favorito para iluminar a mente e então coma um pouco mais de molho apimentado do que de costume. Tente concentrar-se na sensação desagradável, como faz com outros tantos objetos de meditação.

Observe seus pensamentos. Você tem vontade de beber logo um copo de água gelada, gritar com o garçom, zangar-se comigo, ou consigo ("Que exercício idiota!"), ou chorar? Seu corpo ou seus maxilares se contraem? Os olhos lacrimejam? Seu pensamento preferido neste momento é simplesmente *investigar* como você reage à dor.

Tente relaxar, abrandar as sensações em sua boca. Mesmo enquanto os lábios ardem, faça um rápido exercício para relaxar ou iluminar a mente. Depois que a ardência desaparecer, tente outra vez. Veja se consegue expandir seus limites enquanto mantém a mente concentrada e iluminada...

A ducha fria

Você pode praticar um exercício semelhante enquanto toma uma ducha. Ajuste o chuveiro para que a água fique um pouco mais fria do que de costume, enquanto põe em prática um dos exercícios para iluminar a mente ou relaxar. Mais uma vez, seja compassivo. A compaixão neste contexto significa a realização do exercício e a expansão de seus limites até o ponto em que você o faça sem autopunição.

Algumas pessoas gostam de praticar este exercício usando tanto a água um pouco mais quente como um pouco mais fria do que o normal (converse com seu médico sobre isso, se estiver sob cuidados médicos, e não vá se queimar!). Mude gradualmente o chuveiro de um pouco mais quente para um pouco mais frio, enquanto medita e tenta não se retesar, no aspecto mental e físico. Este exercício assemelha-se à experiência de uma espécie de sauna dos índios americanos, em que os participantes dividem-se entre a permanência em um abrigo fechado com pedras fumegantes e mergulhos em um rio de águas geladas.

Ir e vir do quente ao frio pode nos ajudar a lembrar que *nós* podemos permanecer estáveis em nossa mente, independente do que acontece ao redor. Está quente demais agora na cabana-sauna? Logo estará muito frio no rio. E novamente quente demais...

Outros exercícios de dor/resistência

Depois de praticar estes exercícios de dor/resistência autocontrolados, tente suavizar pequenas angústias que você *não pode* controlar. Às vezes, uso um cachorro vizinho que late muito como foco de meditação. Embora o incessante latir do cachorro possa ser irritante, quando me concentro apenas no som, na sensação física de cada latido, sem pensar "Ele não deveria latir" ou "Por que ele não fica quieto?", o som não mais me incomoda. Torna-se apenas mais uma experiência, nada a que julgar ou reagir... Ao mudar meu ponto de vista, mais uma vez o cachorro torna-se meu mestre e não torturador.

Posso às vezes fazer o mesmo com dores de cabeça e dores musculares, ou pequenas decepções, apenas abrandando-as conscientemente. Quando sinto uma dor, em vez de cerrar os dentes e contrair os músculos, tento relaxar o estômago, os maxilares, as costas, o pescoço. Às vezes até faço um exercício de relaxamento, como o da página 93. Ou visualizo a transmissão de amor e compaixão ao ponto da dor.

Em situações de aflição mental ou desapontamento, em vez de sobrecarregar a mente e me sentir aflito, zangado ou culpar-me de algum modo, eu posso tentar um exercício de compaixão associado à observação do pensamento. Talvez me acalme pensando na Habilidade Mestra (página 116). E, às vezes, ainda grito e reclamo, e corro ao frasco de aspirina! Uma dose saudável de compaixão, porém, me proporciona o reconhecimento e a aceitação de que manejei a dor da melhor forma possível naquele momento de minha vida...

É claro que, quanto maior a dor, física ou mental, mais prática e esforço são necessários para abrandá-la. Eis o motivo de não esperar até que se esteja desesperado para começar a trabalhar essas importantes habilidades.

Caso você sofra de uma dor física crônica ou esteja interessado em conhecer mais a fundo esse tipo de meditação, Stephen Levine devota especial atenção ao trabalho com a dor no livro *Who Dies*. Mais uma vez recomendo-o muitíssimo! O curso prático de meditação, com duração de uma semana, que tive com Stephen Levine foi um momento crucial de minha vida. E ensiná-lo a tocar gaita-de-boca foi um grande privilégio!

Eu sou/Estou

Muitos adeptos da meditação chamam os exercícios baseados nos conceitos a seguir de "via principal sem trilhos". É provável que este seja o estilo de meditação mais sofisticado do ponto de vista metafísico e menos óbvio à intuição. Assim, leia a respeito, pense se gosta, tente se ousar. Então, se lhe parecer interessante, leia o livro de Sri Nisargadatta listado na Bibliografia. É um dos meus dois ou três livros favoritos – já o li uma dúzia de vezes e de vez em quando chego a pensar que compreendo um parágrafo ou dois! Outro livro que aborda este tema, e que além disso é uma leitura bem mais fácil, é o muitas vezes mencionado *Who Dies*, de Stephen Levine.

Observe as declarações "Eu sou feliz" ou "Estou Triste", "Estou cansado", "Estou entediado". São todas de validade temporária. Ninguém é/está permanentemente feliz, triste, cansado ou entediado. No entanto, *uma* parte da declaração é sempre verdadeira: o *"Eu sou/estou"*.

Podemos também fazer declarações negativas: "Não sou feliz" ou "Não estou cansado". Mas ninguém pode honestamente declarar: "Eu não sou/estou" ou "Não existo". Se uma pessoa existe para dizer ou pensar "Eu sou/estou", não pode dizer ou pensar com honestidade: "Eu não sou/estou."

Embora seu corpo físico ou natureza intelectual tenham provavelmente se modificado de modo significativo desde os tempos em que era um bebê, esta noção básica de "Eu sou/estou" permanece, de forma notável, inalterada. Lembre-se de sua infância. A criança de seis anos que você foi tinha uma clara noção de "Eu sou/estou". Ele ou ela podia declarar com convicção: "*Eu estou* na primeira série" ou "*Eu sou* um bom aluno". A noção da criança de "Eu sou/estou" era e é a mesma que você possui agora ao pensar: "*Eu sou* um adepto da Meditação em 3 Minutos" ou "*Estou* faminto".

No entanto, é difícil descrever a sensação de "Eu sou/estou", apesar de usarmos esta expressão várias vezes por dia. Talvez seja mais fácil identificar a sensação quando despertamos, pela manhã. Assim que os nossos olhos se abrem, antes que saibamos onde estamos e até mesmo quem somos, há sempre a consciência do "ser". Alguém ou alguma coisa, uma percepção ou consciência, parece existir no corpo, observando. E esta sensação está sempre presente, exceto quando dormimos um sono sem sonhos. Em algumas tradições, essa consciência de "Eu sou/estou" é chamada "a testemunha".

A consciência da existência, do "ser", que todas as pessoas possuem, é a base para uma série de técnicas de meditação, que são as mais sutis e difíceis porém as mais importantes, pois o "Eu sou/estou" é, de um modo bem real, a conexão entre a pequena mente do indivíduo e a grande mente de Deus, ou consciência universal.

De acordo com a perspectiva da meditação, a consciência do "Eu sou/estou" em sua mente individual é um pedaço muito pequeno de consciência que é parte de *toda* consciência, assim como uma minúscula baía é uma pequena parte integrante do oceano. Infelizmente, em geral não concentramos a atenção na sensação do "Eu sou/estou" de forma clara o bastante para perceber a conexão. Nossa mente está muito ocupada com os problemas diários e gratificações do mundo comum. De modo constante, concentramo-nos nas expressões "Eu estou faminto" ou "Sou uma pessoa inteligente", mas nunca apenas em "Eu sou/estou".

Uma analogia: em uma noite de verão sem ventos, a lua cheia pode ser vista perfeitamente refletida nas águas tranqüilas de um lago. Se agitarmos a água, porém, o pequeno reflexo da lua torna-se confuso, imperfeito, até mesmo irreconhecível.

Por fim, quando a mente começar a se acalmar por meio da meditação, as perturbações do pensamento – desejos, medos, pensamentos sobre o passado e futuro, o "Eu estou faminto" e "Sou um bom jogador" – aquietam-se por curtos períodos de tempo. Então, como a lua, o reflexo da consciência universal da perspectiva da meditação começa a brilhar no "Eu sou/estou" das claras águas de sua mente. Surpreendentemente, você nem mesmo precisa acreditar para que isto aconteça. Basta praticar...

"Eu estou feliz", "Eu estou triste"

Relaxe por um momento com um exercício para iluminar a mente e escolha duas declarações contraditórias do tipo "Eu sou/estou", como "Eu estou feliz" e "Estou triste" ou "Estou cansado" e "Estou desperto".

Escolha uma delas e visualize-a da forma mais clara que puder. Se escolher "Estou cansado", imagine-se bocejando e sinta a apatia de seu corpo. Visualize então rapidamente a afirmação oposta, "Estou desperto". Imagine-se cheio de vigor, sentindo-se energizado, olhos brilhantes e alerta. Alterne uma e outra imagem e tente sentir como nenhuma delas é muito "verdadeira".

Agora diga apenas "Eu sou/estou" para si mesmo, mergulhe fundo na consciência deste conceito e perceba como parece "verdadeiro". Tente observar a sensação de "Eu sou/estou". Como é ela? É alguém ou alguma coisa, uma consciência, dentro de você, observando? Quem? Quem sou eu?

"Quem sou eu?"

Depois de um momento de iluminação da mente, pergunte a si mesmo: "Quem sou eu?" "Quem sou eu *de fato*?" Você é o nome? A memória? A reputação? Provavelmente nada disso parece *ser* você, pois você pode viver bastante bem sem essas coisas.

Você é seu corpo? Talvez, mas seu corpo pode continuar a existir sem uma mente nele. Se isto acontecesse, seu corpo inerte ainda seria você? Você *tem* um corpo, mas este não é você...

Pergunte-se: "Quem faz a pergunta 'Quem sou eu?'?" Ou: "Quem faz a pergunta: 'Quem faz a pergunta "Quem sou eu?"?'?" Ei! Tem alguém aí? Deve haver, fazendo todas essas perguntas...

Este exercício pode funcionar como um *koan*, a meditação "Eu Não Sei". Ou talvez, como muitos que perguntam, você volte à perspectiva da meditação e conclua que o "eu" de "Quem sou eu?" é um pedaço de consciência "reciclada", que *anima* o corpo que habita – a "testemunha" de tantas tradições da meditação, um pouquinho de Deus.

Se este exercício lhe agradar, pratique-o a qualquer hora, formulando perguntas tais como: "Quem deseja?", "Quem teme?" ao perceber um pensamento insinuando-se. Quem pensa? E leia o livro *I Am That*, de Sri Nisargadatta. É difícil, porém gratificante...

Transitoriedade

Trata-se de outro clichê, que no entanto é verdadeiro: *nada* é permanente, excetuando-se o fato de que tudo muda. Tudo o que você pensa que sabe sobre si mesmo, seu corpo, seu trabalho, seus entes queridos, seu país se altera com a passagem do tempo.

Grande parte do nosso sofrimento vem do desejo de nos aferrarmos ao que deve inevitavelmente mudar. Sofremos quando os pais envelhecem e morrem e quando os filhos crescem e saem de casa. Sofremos quando perdemos a força e a beleza da juventude, ou o prestígio que o trabalho nos dá.

Se nosso desejo de proteção contra a dor superar o desejo de encarar a verdade, estamos condenados a vidas que tentam limitar ou ignorar as mudanças. E sofremos com isto. Muito. É claro que o fato de enfrentarmos a mudança também nos trará dor. No entanto, cada etapa de meditação por que passarmos diminuirá essa dor que experimentamos ao encarar e aceitar a mudança e a transitoriedade.

Este exercício baseia-se no trabalho de Stephen Levine, um dos muitos mestres (entre os quais incluo Don Juan, Ram Dass, Alan Watts e Elizabeth Kubler-Ross) que enfatizam o uso do conhecimento da mortalidade para adicionar vitalidade à vida. Caso este conceito lhe interesse, leia os livros destes autores, listados na Bibliografia. O livro de John White, *A Practical Guide to Death and Dying*, também apresenta vários exercícios e técnicas de meditação sobre o tema.

Stephen Levine conta a história de um homem sábio a quem foi dada uma taça linda e delicada, que levou uma pancada e se quebrou. O homem sábio apenas sorriu. "Mesmo ao segurá-la contra a luz e admirá-la", disse ele, "ela já estava quebrada em minha mente..."

Cada sensação que temos, cada relacionamento que estabelecemos, torna-se mais verdadeiro e pungente pelo conhecimento superior de sua natureza transitória. E como podemos deixar de desenvolver um sentimento de compaixão e companheirismo para com todos os seres que devem viver nesta condição frágil e efêmera à qual chamamos vida?

A buzina já tocou

O carro se aproxima de um cruzamento de ruas, o sinal está amarelo ou vermelho. Instrua o motorista para que não dê partida até que o carro de trás buzine.

Relaxe os músculos do corpo e concentre-se na inexorabilidade daquele toque de buzina. Um ruído rude, abrupto. Não há absolutamente nada que você possa fazer para controlar a situação, apenas aceitar o inevitável e assim reduzir seu impulso de saltar ou sobressaltar-se.

Relaxe a mente em relação à iminente buzina. Observe sua própria tensão e a resistência a este exercício, que é difícil pois vai de encontro a tudo que lhe foi ensinado. Observe seu desejo de retesar a mente e o corpo contra a buzina e de fazer julgamentos, como "Este exercício é estúpido" ou "Que idiota impaciente é o motorista atrás de mim!". E talvez você possa até observar seu desejo de evitar, de algum modo, o inevitável...

Mais sobre a morte e seu processo

São tantas as mudanças inevitáveis na vida. Morte, velhice, perda. No entanto, em vez de aceitá-las como parte natural da existência, queixamo-nos delas, fechamo-nos e as negamos.

A nossa morte ou dos entes queridos é talvez a maior, e mais inevitável mudança. Todas as pessoas vivas neste momento estarão mortas dentro de dez, cinqüenta ou cem anos. É difícil e extremamente doloroso enfrentar o que chamo de "O Contrato do Diabo": o fato de que todos seremos forçados a presenciar a morte daqueles a quem amamos, ou que eles serão forçados a presenciar a nossa. Não há alternativas. Nem respostas fáceis.

O confronto com o conhecimento de que a nossa própria morte é inevitável é o último nível da opção pela verdade em detrimento da proteção da auto-imagem. Não é coisa simples ou fácil de se fazer. A meditação, porém, especialmente a compaixão, pode ser útil.

Em meu trabalho de aconselhamento de adultos e crianças aflitos e vítimas de doenças terminais, descobri que todas as técnicas de meditação descritas neste livro são de grande valor, tanto para mim, em meu trabalho de aconselhamento e na vida em geral, como para os clientes que desejarem experimentá-las.

Sobre a liberdade

Em geral, pensamos na liberdade como a capacidade para fazermos tudo que quisermos. No entanto, este tipo de "liberdade" será sempre limitado, pois ninguém pode controlar seu mundo por completo. Até mesmo reis e astros do rock devem enfrentar acidentes, doenças, velhice, sofrimentos e outras pessoas, para não mencionar seus próprios medos e desejos.

A verdadeira liberdade está na capacidade de aceitar o que quer que aconteça, a cada momento transitório. Sem julgamentos ou resistência e com compaixão para consigo mesmo e para com os outros. Fazendo uso de cada fato e pensamento como uma lição de meditação, um desafio (nem desgraça, nem bênção). Construindo uma estrada para a Iluminação com as pedras e os obstáculos que surgem no caminho...

Ações *versus* resultados

"Aceitar o que quer que aconteça" não implica passividade. Podemos trabalhar com afinco e entusiasmo no sentido de um objetivo que quisermos alcançar, ou lutar com todas as forças para evitar o que acreditamos estar errado. Contudo, mesmo que direcionemos toda nossa energia no sentido de ações voltadas para um determinado objetivo, podemos tentar manter-nos descomprometidos dos *resultados* ou *conseqüências* de nossas ações. Tente desta forma: prepare uma nova receita para o jantar. Faça-o cuidadosamente, mas sem preocupar-se com o resultado...

Quando tornamos nossa felicidade dependente de resultados específicos, estamos inevitavelmente fazendo um convite ao sofrimento. Pois, embora possamos nos responsabilizar por nossos atos, os resultados destes, os frutos do trabalho, não *podem* ser controlados.

Por exemplo, o trabalho de Mahatma Gandhi pela libertação da Índia da Grã-Bretanha foi motivado de modo intenso e executado energicamente. Mas, afinal, este mesmo empenho não "resultou" na guerra e fome em Bangladesh que mataram milhões? Os avanços teóricos de Einstein foram fundamentais para o fim da Segunda Guerra Mundial.

Agora, porém, os frutos de seu trabalho ameaçam iniciar e terminar a Terceira Guerra Mundial, assim como tudo mais.

A perspectiva da meditação para causa e efeito (página 37) pode nos ser útil à conscientização de que ações e resultados não estão ligados de forma tão clara e direta como às vezes somos tentados a crer. Como podemos querer o controle de algo tão complexo e interligado como este mundo louco e misterioso em que vivemos?

Habilidade mestra

Eis um enigma que você pode decifrar: um monge zen, perseguido por tigres famintos, escala uma videira que cresce em uma encosta escarpada. Enquanto se pendura na fina gavinha, a pouca distância das garras afiadas das feras, ele percebe duas coisas. Um pouco à sua esquerda, em uma pequena fenda, cresce um arbusto de morango, com apenas dois frutos maduros. Cerca de um metro acima de sua cabeça, dois camundongos começam a roer sua corda salva-vidas. O que faz o monge?

Ele come os morangos, que estão *deliciosos*.

Garanto-lhe que este é um caso extremo, que ilustra a arte de viver o presente. No entanto, a capacidade de aceitar cada momento, pensamento e evento, de vivê-lo ao máximo e então deixá-lo acontecer está no cerne do estilo de vida pregado pela meditação. A mente do monge era bastante iluminada. Se houvesse algo a fazer que pudesse lhe salvar a vida, ele o *teria* feito. Como não havia, ele comeu os morangos, saboreando-os antes que os tigres inevitavelmente o saboreassem.

> Esta Habilidade Mestra, de ser capaz de usar as técnicas da Meditação em 3 Minutos em situações da vida real, é mais importante do que qualquer evento específico, independentemente da importância desse evento. De um modo geral, é mais importante saber perder a corrida, o emprego ou o relacionamento, e ainda sentir-se bem, do que ganhar a corrida, o emprego, um homem ou mulher. Pois, no fim, haverá uma corrida que não poderemos vencer ou um relacionamento que se findará.

Se praticarmos Viver o Agora, conscientes de nossos medos e desejos comuns, e compassivos em relação a eles, podemos enfrentar com força e eficácia tudo o que nos acontecer. Até mesmo os tigres com suas garras e os camundongos que não podemos controlar, por mais sofrimentos que nos tragam, nos lembrarão do trabalho de meditação, que é nossa tarefa mais importante e verdadeira sobre a Terra.

O exercício de visualização da habilidade mestra

Leia a seção anterior com atenção. Em seguida, fazendo uso das técnicas descritas na seção sobre visualização (página 92), imagine-se em uma situação cujo resultado *não* seja definitivamente o que esperava. Você não conseguiu o aumento, o emprego ou a viagem ao Havaí!

Visualize-se *usando* as habilidades e o conhecimento que você está adquirindo com este livro, inclusive os exercícios ou técnicas específicos que você deve usar para contornar a situação com calma e compaixão.

Esta é a Habilidade Mestra.

O resto é com você

Possuir este livro é um passo no caminho certo, seu *uso*, porém, é que mudará sua vida. A Meditação em 3 Minutos apresentou-o a técnicas que podem fazer da meditação um instrumento incrivelmente poderoso na vida diária. Cada novo momento de sua vida é agora um ponto de opção, onde você pode escolher o uso das técnicas aqui apresentadas para investigar o medo, a ira e o desejo, em vez de agir sobre eles irracionalmente. Onde você pode optar por Viver o Agora em lugar de viver os hábitos do passado ou os desejos do futuro. E o mais importante, um novo momento em que você pode optar por ver a si mesmo e aos outros com Compaixão em vez de Crítica. O resto é com você...

Bibliografia

Benson, Herbert. *A resposta do relaxamento*. Rio de Janeiro: Nova Era, 1995.

Borysenko, Joan. *Cuidando do corpo, curando a mente*. Rio de Janeiro: Nova Era, 1991.

Castaneda, Carlos. *Viagem a Ixtlan*. Rio de Janeiro: Nova Era, 17ª ed., 2006.

Cowan, Jim. *The Buddhism of the Sun*. Nitiren Society U.K., 1982.

Harmon, Willis e Rhinegold, H. *Higher Creativity*. Tarcher, 1984.

Goldstein, J. e Korntield, Jack. *Seeking the Heart of Wisdom*. Shambala, 1987.

Kornfield, Jack. *A Still Forest Pool*. Quest, 1985.

Kubler-Ross. E. *On Death and Dying*. MacMillan, 1969.

LeShan, L. *O médium, o místico e o físico*. São Paulo: Summus, 1994.

Levine, Stephen. *A Gradual Awakening*. Anchor, 1980.

_____. *Healing Into Life and Death*. Anchor, 1987.

_____. *Who Dies*. Anchor, 1982.

Maltz, Maxwell. *Psycho-Cybernetics*. Prentice-Hall, 1960.

Ostrander, S. e Schroeder, L. *Super-Learning*. Delta, 1979.

Paul, Jordan e Margaret. *Do I Have to Give Up to Be Loved by You?* Comp-Care, 1983.

Rubin, T. *Compassion and Self-Hatred*. Ballantine, 1976.

_____. *Reconciliations*. Viking, 1980.

Siegal, Bernie. *Love, Medicine and Miracles*. Harper and Row, 1986.

Silva, José. *O Método Silva de Controle Mental*. Rio de Janeiro: Nova Era, 1979.

Watts, Alan. *The Book on the Taboo Against Knowing Who You Are*. Collier, 1966.

White, J. *A Practical Guide to Death and Dying*. Quest, 1980.

Outras fontes

"*How Then Shall We Live*" (Como Viveremos Então) é uma série de vídeos, com duração de oito horas, apresentando Ram Dass, Stephen Levine e outros. Está em freqüente exibição na rede PBS e as informações encontram-se disponíveis em: Original Face Video, Oakland, California, USA (415) 339-3126.

The Inquiring Mind é uma revista trimestral para adeptos da meditação. Publica artigos e um calendário de eventos (retiros e seminários) liderados por Jack Kornfield, Stephen Levine, Joseph Goldstein, Jamie Baraz e muitos outros excelentes mestres. É uma ótima publicação – espero ansioso por meu exemplar a cada trimestre. Escreva para: P.O. Box 9999, North Berkeley Station, Berkeley, California, 94709 USA.

"A Proposta de Um por Cento pela Paz" é fruto da imaginação do meu amigo Ben Cohen. Como ele afirma: "Amamos de fato nosso país. Assim, queremos que ele esteja o mais seguro possível. Mas não estamos totalmente certos de que a melhor forma de criar um mundo pacífico é gastando 300 bilhões de dólares por ano, preparando-nos para uma guerra. Ao contrário, acreditamos que seria mais producente utilizarmos apenas 1% desta quantia, a cada ano, para nos preparar para a paz. Sem demora."

Concordo com Ben – um por cento pela Paz é uma boa idéia. Ainda não sei como isso pode ser executado, mas estou disposto a dedicar um por cento dos lucros deste livro a esse trabalho. Mantenham por favor olhos e mentes abertos: **Um por Cento pela Paz!**

Conheça outros títulos publicados pela
Editora Nova Era:

RELAXE, VOCÊ JÁ ESTÁ EM CASA
Raymond Barnett, Ph.D.

Você deseja simplificar, reformular e enriquecer sua vida, mas não tem tempo nem disposição para assumir uma prática espiritual assídua? Relaxe. Raymond Barnett, que lecionou por mais de vinte anos na California State University e em diversas viagens a China, Coréia, Taiwan e Japão, e apaixonou-se pela cultura oriental, ensina, a partir de exercícios simples, perguntas e reflexões, como incorporar hábitos da tradição taoísta à vida diária. Você vai entrar em sintonia com você mesmo e com o universo, e logo vai estar se perguntando como conseguiu viver tanto tempo de outra maneira.

EQUILÍBRIO NO TRABALHO
Michael Carroll

Se você sente que precisa encarar o trabalho de outra forma, que perdeu a empolgação no atual emprego, ou se os conflitos com colegas conseguem deixá-lo nervoso e estressado, veja nesta obra como relaxar, diminuir a velocidade frenética que a vida parece impor e recuperar o contato com o presente, incrivelmente ignorado na eterna luta pelo cumprimento de metas. Fundador do Awake at Work Associates, grupo que presta consultoria a organizações e indivíduos para ajudá-los a recuperar o equilíbrio e o bem-estar enquanto conquistam o sucesso profissional, Michael Carroll trabalhou com recursos humanos por mais de vinte anos e exerceu cargos executivos em empresas como Simon & Schuster e Walt Disney Company. O autor dedica-se ao estudo do budismo há muitos anos e é professor autorizado de meditação tibetana no New York Open Center.

PRANAYAMA
Scott Shaw

Embora o exercício físico seja comprovadamente importante para a saúde, nem sempre conseguimos tempo e disposição para praticá-lo. Felizmente, existe uma forma rápida e saudável de revitalizar o corpo e a mente nos momentos de necessidade: o pranayama. Praticada há milênios na Índia, esta técnica de respiração é um dos aspectos fundamentais na prática da yogaterapia, e proporciona vigor renovado e instantâneo. Este livro oferece a essência do pranayama, com exercícios práticos para você relaxar, renovar a energia e praticar a respiração consciente, onde e quando desejar.

VIDA EM EQUILÍBRIO
Dr. Wayne W. Dyer

Nesse trabalho inspirador, o consagrado autor e palestrante Wayne W. Dyer mostra como restaurar o equilíbrio na vida por meio de 9 princípios que ajudam a realinhar os pensamentos e fazer com que eles correspondam a nossos desejos mais elevados. Um livro dedicado à idéia de que somos parte da Fonte Criativa Universal, e de que temos dentro de nós mesmos os recursos para criar tudo que quisermos se reconhecermos e revisarmos os pensamentos que estão fora de equilíbrio.

Este livro foi composto na tipologia
Minion, em corpo 11/13,5, e impresso
em papel off-white 80g/m² pelo Sistema Cameron
da Divisão Gráfica da Distribuidora Record.

Você pode adquirir os títulos da Nova Era
por Reembolso Postal e se cadastrar para
receber nossos informativos de lançamentos
e promoções. Entre em contato conosco:

mdireto@record.com.br

Tel.: (21) 2585-2002
Fax: (21) 2585-2085
De segunda a sexta-feira,
das 8h30 às 18h

Caixa Postal 23.052
Rio de Janeiro, RJ
CEP 20922-970

Válido somente no Brasil.
www.record.com.br